टाइम मैनेजमेंट

टाइम मैनेजमेंट

समय के सर्वश्रेष्ठ उपयोग के 30 सिद्धांत

संशोधित और विस्तृत संस्करण

डॉ. सुधीर दीक्षित

MANJUL

मंजुल पब्लिशिंग हाउस

MANJUL

मंजुल पब्लिशिंग हाउस

कॉरपोरेट एवं संपादकीय कार्यालय

द्वितीय तल, उषा प्रीत कॉम्प्लेक्स, 42 मालवीय नगर, भोपाल-462003

विक्रय एवं विपणन कार्यालय

• सी-16, सेक्टर 3, नोएडा, उत्तर प्रदेश - 201301, इंडिया

वेबसाइट : www.manjulindia.com

वितरण केन्द्र

अहमदाबाद, बेंगलुरू, कोच्चि, कोलकाता, चेन्नई,
हैदराबाद, मुम्बई, नई दिल्ली, पुणे

डॉ. सुधीर दीक्षित इस पुस्तक
के लेखक होने की नैतिक ज़िम्मेदारी वहन करते हैं

संशोधित और विस्तृत संस्करण 2011 में पहली बार प्रकाशित।
34वीं आवृत्ति 2026

ISBN 978-81-8322-018-7

मुद्रण व जिल्दसाज़ी : रेप्रो इंडिया लिमिटेड

विषय सूची

नए संस्करण की प्रस्तावना..............................7

खंड 1 : तीन बुनियादी सवाल..............................9

पहला बुनियादी सवाल : आजकल समय की इतनी कमी क्यों महसूस होती है ?..............................11

दूसरा बुनियादी सवाल : आपके पास दरअसल कितना समय है ?..............................15

तीसरा बुनियादी सवाल : आपका समय कितना क़ीमती है ?..............................18

खंड 2 : समय के सर्वश्रेष्ठ उपयोग के 30 सिद्धांत.....21

1. समय की लॉग बुक रखें..............................23
2. आर्थिक लक्ष्य बनाएँ..............................28
3. सबसे महत्वपूर्ण काम सबसे पहले करें..............................32
4. यात्रा के समय का अधिकतम उपयोग करें..............................35
5. काम सौंपना (डेलीगेशन) सीखें..............................39
6. पैरेटो के 20/80 के नियम को जानें..............................42
7. पार्किन्सन के नियम का लाभ लें..............................45
8. अपने प्राइम टाइम में काम करें..............................48
9. स्वयं को व्यवस्थित करें..............................51
10. टाइमटेबल बनाएँ..............................54

विषय सूची

11. कर्म में जुट जाएँ....................................57
12. अपनी कार्यक्षमता बढ़ाएँ....................................60
13. डेडलाइन तय करें....................................64
14. समय ख़रीदना सीखें....................................69
15. भावी लाभ के लिए वर्तमान में त्याग करें..............73
16. निश्चित समय पर काम करें............................76
17. समय की बर्बादी के गुरुत्वाकर्षण नियम को जानें.....79
18. न्यूटन के गति के पहले नियम का लाभ लें............84
19. यह महत्वपूर्ण नहीं है कि आपने कितने समय काम किया; महत्वपूर्ण तो परिणाम हैं................87
20. तय करें कि कौन सा काम कब करना है.............91
21. सुबह जल्दी उठें....................................95
22. एक घंटा व्यायाम करें....................................98
23. टी.वी. के संदर्भ में सावधान रहें......................101
24. मोबाइल का न्यूनतम उपयोग करें......................105
25. इंटरनेट पर समय बर्बाद न करें......................109
26. आलस से बचें....................................113
27. टालमटोल न करें....................................116
28. अगले दिन की योजना बनाकर अवचेतन मन की शक्ति का लाभ लें....................................119
29. बुरी लतों से बचें....................................122
30. सापेक्षता के नियम को समझें..........................125

नए संस्करण की प्रस्तावना

इस पूरे संसार में सिर्फ़ एक ही कोना है, जिसे सुधारना पूरी तरह से आपके हाथ में है – और वह है आप स्वयं।

– आल्डस हक्सले

मुझे ख़ुशी है कि टाइम मैनेजमेंट पुस्तक पाठकों को इतनी पसंद आई और उपयोगी लगी कि पिछले पाँच सालों में इसके कई संस्करण हाथोहाथ बिक चुके हैं। पाठक अपने पत्रों में बार-बार एक ही शिकायत करते थे कि यह कुछ ज़्यादा ही छोटी है। इसे जान-बूझकर छोटा रखा गया था! इसके पीछे सोच यह थी कि समय प्रबंधन की पुस्तक में समय बचाने के तरीक़े बताए जाते हैं, इसलिए इसे पढ़ने में ज़्यादा समय नहीं लगना चाहिए! लेकिन लेखक हमेशा से पाठकों की सलाह मानते आए हैं, इसलिए पाठकों की माँग पर अब इस पुस्तक को थोड़ा बड़ा कर दिया गया है... बस थोड़ा सा।

मूल संस्करण में समय के सर्वश्रेष्ठ उपयोग के 10 सिद्धांत बताए गए थे। इस संस्करण में 30 सिद्धांत दिए जा रहे हैं, ताकि पाठकों को ज़्यादा लाभ हो सके। पिछले पाँच सालों में हुए शोध से मैंने जो कुछ भी नया और उपयोगी सीखा है तथा

जिसे समय प्रबंधन के क्षेत्र में कारगर पाया है, उस सभी का सार इस नवीन संस्करण में शामिल है।

इस संस्करण में एक महत्वपूर्ण परिवर्तन यह है कि पुराने संस्करण के 'मल्टी-टास्किंग' वाले सिद्धांत को हटा दिया गया है। नए शोध से पता चला है कि मल्टी-टास्किंग यानी एक ही समय में कई कार्य करना पुरुषों के लिए काफ़ी मुश्किल होता है और इससे एकाग्रता तथा कार्य की गुणवत्ता में कमी भी आती है। जैसा पब्लिलियस साइरस ने कहा है, 'एक समय में दो काम करने से एक भी नहीं होता है।'

इस पुस्तक को नए स्वरूप में लाने के लिए मैं प्रकाशक विकास राखेजा का बहुत आभारी हूँ, जिनकी निरंतर प्रेरणा और सतत् आग्रह के बिना यह कार्य संभव नहीं था।

– डॉ. सुधीर दीक्षित

अगर आप नहीं, तो फिर कौन? अगर अभी नहीं, तो फिर कब?

– अज्ञात

खंड 1 :
तीन बुनियादी सवाल

पहला बुनियादी सवाल : आजकल समय की इतनी कमी क्यों महसूस होती है ?

> *दिन (सं.) चौबीस घंटों की अवधि, जिसमें से अधिकांश बर्बाद हो जाती है।*
>
> – एम्ब्रोज़ बियर्स

क्या आपने कभी सोचा है कि आजकल हमें समय की इतनी कमी क्यों महसूस होती है ? समय पर काम न करने या होने पर हम झल्ला जाते हैं, आगबबूला हो जाते हैं, चिढ़ जाते हैं, तनाव में आ जाते हैं। समय की कमी के चलते हम लगभग हर पल जल्दबाज़ी और हड़बड़ी में रहते हैं। इस चक्कर में हमारा ब्लड प्रेशर बढ़ जाता है, लोगों से हमारे संबंध ख़राब हो जाते हैं, हमारा मानसिक संतुलन गड़बड़ा जाता है और कई बार तो दुर्घटनाएँ भी हो जाती हैं। समय की कमी हमारे जीवन का एक अप्रिय और अनिवार्य हिस्सा बन चुकी है।

क्या आपने कभी यह बात सोची है : हमारे पूर्वजों को कभी टाइम मैनेजमेंट की ज़रूरत नहीं पड़ी, तो फिर हमें क्यों पड़ रही है ? क्या हमारे पूर्वजों को दिन में 48 घंटे मिलते थे और हमें केवल 24 घंटे ही मिल रहे हैं ? आप भी जानते हैं और मैं भी जानता हूँ कि ऐसा नहीं है! हर पीढ़ी को एक दिन

में 24 घंटे का समय ही मिला है। लेकिन बीसवीं सदी की शुरुआत से हमारे जीवन में समय कम पड़ने लगा है और यह समस्या दिनोदिन बढ़ती ही जा रही है। बड़ी अजीब बात है, क्योंकि बीसवीं सदी की शुरुआत से ही मनुष्य समय बचाने वाले नए-नए उपकरण बनाता जा रहा है।

बीसवीं सदी से पहले कार नहीं थी, मोटर साइकल या स्कूटर भी नहीं थे, लेकिन हमारे पूर्वजों को कहीं पहुँचने की जल्दी भी नहीं थी। पहले मिक्सर, फ़ूड प्रोसेसर या माइक्रोवेव नहीं थे, लेकिन गृहिणियाँ सिल पर मसाला पीसने या चूल्हे पर खाना पकाने में किसी तरह की हड़बड़ी नहीं दिखाती थीं। पहले बिजली नहीं थी, लेकिन किसी को रात-रात भर जागकर काम करने की ज़रूरत भी नहीं थी। वास्तव में तब जीवन ज़्यादा सरल था, क्योंकि उस समय इंसान की ज़िंदगी घड़ी के हिसाब से नहीं चलती थी। औद्योगिक युग के बाद फ़ैक्ट्री, ऑफ़िस और नौकरी का जो दौर शुरू हुआ, उसने मनुष्य को घड़ी का ग़ुलाम बनाकर रख दिया।

पहले जीवन सरल था और अब जटिल हो चुका है : यही हमारी समस्या का मूल कारण है। पहले जीवन की रफ़्तार धीमी थी, लेकिन अब तेज़ हो चुकी है। अब हमारे जीवन में इंटरनेट आ गया है, जो पलक झपकते ही हमें दुनिया से जोड़ देता है। अब हमारे जीवन में टी.वी. आ चुका है, जिसका बटन दबाते ही हम दुनिया की ख़बरें जान लेते हैं। अब हमारे पास

कई बार सवाल जवाबों से ज़्यादा महत्वपूर्ण होते हैं।

– नैन्सी विलार्ड

कारें और हवाई जहाज़ हैं, जिनसे हम तेज़ी से कहीं भी पहुँच सकते हैं। अब हमारे पास थ्री-जी मोबाइल्स हैं, जिनसे हम दुनिया में कहीं भी, किसी से भी बात कर सकते हैं और उसे देख भी सकते हैं। आधुनिक आविष्कारों ने हमारे जीवन की गति बढ़ा दी है। शायद आधुनिक आविष्कार ही हमारे जीवन में समय की कमी का सबसे बड़ा कारण हैं। इनकी बदौलत हम दुनिया से तो जुड़ गए हैं, लेकिन शायद ख़ुद से दूर हो गए हैं।

यदि आप समय के सर्वश्रेष्ठ उपयोग को लेकर गंभीर हैं, तो इसका सबसे सीधा समाधान यह है : यदि आप किसी तरह आधुनिक आविष्कारों से मुक्ति पा लें और दोबारा पुराने ज़माने की जीवनशैली अपना लें, तो आपको काफ़ी सुविधा होगी। नहीं, नहीं... मैं यहाँ चूल्हे पर रोटी पकाने या मुंबई से दिल्ली तक पैदल जाने की बात नहीं कर रहा हूँ। मैं तो केवल यह कहना चाहता हूँ कि मोबाइल, टी.वी., इंटरनेट, चैटिंग आदि समय बर्बाद करने वाले आविष्कारों का इस्तेमाल कम कर दें।

पहले घड़ी हमारे जीवन पर हावी नहीं हुई थी और इसका सीधा सा कारण यह था कि ज़्यादातर लोगों के पास घड़ी थी ही नहीं। पहले अलार्म घड़ी की कोई ज़रूरत नहीं थी; मुर्गे की बाँग ही काफ़ी थी। तब 8:18 की लोकल पकड़ने का कोई तनाव नहीं रहता था। तब कोई काम सुबह नौ बजे हो या सवा नौ बजे, कोई ख़ास फ़र्क़ नहीं पड़ता था... लेकिन आज पड़ता है।

> *दुनिया बहुत तेज़ी से बदल रही है। अब बड़े छोटों को नहीं हराएँगे; अब तो तेज़ धीमों को हराएँगे।*
>
> – रूपर्ट मरडॉक

तो इस पुस्तक को आगे पढ़ने से पहले यह बात अच्छी तरह से समझ लें कि डाइबिटीज़, हाई ब्लड प्रेशर, कोलेस्ट्रॉल और हृदय रोग की तरह ही समय की कमी भी एक आधुनिक समस्या है, जो आधुनिक जीवनशैली का परिणाम है। यदि आप इस समस्या को सुलझाना चाहते हैं, तो आपको अपनी जीवनशैली को बदलना होगा। याद रखें, दुनिया नहीं बदलेगी; बदलना तो आपको ही है। यदि आप अपनी जीवनशैली और सोच को बदल लेंगे, तो समय का समीकरण भी बदल जाएगा। जैसा अल्बर्ट आइंस्टाइन ने कहा था, 'हम जिन महत्वपूर्ण समस्याओं का सामना करते हैं, उन्हें सोच के उसी स्तर पर नहीं सुलझाया जा सकता, जिस पर हमने उन्हें उत्पन्न किया था।'

अब गेंद आपके पाले में है! अपनी सोच बदलें, जीवनशैली बदलें और समय का उचित प्रबंधन करके अपना जीवन बदल लें। इस संदर्भ में आधुनिक प्रबंधन के पितामह पीटर एफ़. ड्रकर की बात याद रखें, 'जब तक हम समय का प्रबंधन नहीं कर सकते, तब तक हम किसी भी चीज़ का प्रबंधन नहीं कर सकते।'

> *आधुनिक औद्योगिक युग की सबसे प्रमुख मशीन भाप का इंजन नहीं, बल्कि घड़ी है।*
>
> — लुइस ममफ़ोर्ड

दूसरा बुनियादी सवाल : आपके पास दरअसल कितना समय है?

आप यह कैसे कह सकते हैं कि आपके पास पर्याप्त समय नहीं है? आपके पास एक दिन में उतने ही घंटे हैं, जितने हेलन केलर, लुई पाश्चर, माइकल एन्जेलो, मदर टेरेसा, लियोनार्डो द विंची, थॉमस जेफ़रसन और अल्बर्ट आइंस्टाइन के पास थे।

– एच. जैकसन ब्राउन

विधाता ने किसी को सुंदरता ज़्यादा दी है, किसी को कम दी है। किसी को बुद्धि ज़्यादा दी है, किसी को कम दी है। किसी को दौलत ज़्यादा दी है, किसी को कम दी है। लेकिन समय उसने सबको बराबर दिया है : एक दिन में 24 घंटे। समय ही एकमात्र ऐसी दौलत है, जिसे आप बैंक में जमा नहीं कर सकते। समय का गुज़रना आपके हाथ में नहीं होता। यह तो घड़ी की सुई के साथ लगातार आपके हाथ से फिसलता रहता है। आपके हाथ में तो बस इतना रहता है कि आप इस समय का कैसा उपयोग करते हैं। अगर सदुपयोग करेंगे, तो अच्छे परिणाम मिलेंगे; अगर दुरुपयोग करेंगे, तो बुरे परिणाम मिलेंगे।

ध्यान देने वाली बात यह है कि हमारे पास कहने को तो 24 घंटे होते हैं, लेकिन वास्तव में इतना समय हमारे हाथ

में नहीं होता। सच तो यह है कि समय के एक बड़े हिस्से पर हमारा कोई नियंत्रण नहीं होता। 8 घंटे नींद में चले जाते हैं और 2 घंटे खाने-पीने, तैयार होने एवं नित्य कर्म आदि में चले जाते हैं। यानी हमारे हाथ में दरअसल 14 घंटे का समय ही होता है। दूसरे शब्दों में, जीवन में सिर्फ़ 58 प्रतिशत समय पर हमारा नियंत्रण संभव है, जबकि 42 प्रतिशत समय हमारे नियंत्रण से बाहर होता है। सुविधा की दृष्टि से यह मान लें कि 40 प्रतिशत समय पर हमारा नियंत्रण नहीं होता, जबकि 60 प्रतिशत समय पर होता है।

इस संदर्भ में सदियों पहले भर्तृहरि की कही गई बात आज भी प्रासंगिक है, 'विधाता ने मनुष्य की आयु 100 वर्ष तय की है, जिसमें से आधी रात्रि में चली जाती है, बची आधी में से भी आधी बाल्यावस्था और वृद्धावस्था में गुज़र जाती है और बाक़ी बचे 25 वर्षों में मनुष्य को रोग और वियोग के अनेक दुख झेलने पड़ते हैं और नौकरी-चाकरी करनी पड़ती है। इसलिए हम यह कह सकते हैं कि जलतरंग के समान चंचल इस जीवन में लेश मात्र सुख भी नहीं है।'

समय अनमोल है, क्योंकि वास्तव में समय ही संसार की एकमात्र ऐसी चीज़ है, जो सीमित है। अगर आप दौलत गँवा देते हैं, तो दोबारा कमा सकते हैं। घर गँवा देते हैं, तो

> *खोई दौलत मेहनत से दोबारा हासिल की जा सकती है, खोया ज्ञान अध्ययन से, खोया स्वास्थ्य चिकित्सा या संयम से; लेकिन खोया समय हमेशा-हमेशा के लिए चला जाता है।*
>
> – सेम्युअल स्माइल्स

दोबारा पा सकते हैं। लेकिन अगर समय गँवा देते हैं, तो आपको वही समय दोबारा नहीं मिल सकता। हमारे पास जीवन में बहुत कम समय है और यह समय सीमित है। यदि हम अपनी अपेक्षित आयु सौ वर्ष मान लें, तो हमारे पास जीवन में कुल 36,500 दिन ही होते हैं। इसी समय हिसाब लगाकर देखें कि इन 36,500 दिनों में से आपके पास कितने दिन बचे हैं, जिनमें आपको अपने जीवन का लक्ष्य प्राप्त करना है? नीचे दी गई आसान गणना करके ख़ुद जान लें कि आपके पास अब लगभग कितने दिन बचे हैं -

जीवन के कुल दिन	=	36,500
गुज़र चुके दिन (आपकी उम्र x 365)	=	....
शेष बचे दिन	=	....

अगर हम जीवन में कुछ करना, कुछ बनना, कुछ पाना चाहते हैं, तो यह अनिवार्य है कि हम समय का सर्वश्रेष्ठ उपयोग करना सीख लें, ताकि इस धरती पर अपने सीमित समय में हम वह सब हासिल कर सकें, जो हम हासिल करना चाहते हैं - चाहे वह दौलत या शोहरत हो, सुख या सफलता हो।

कैलेंडर से धोखा न खाएँ। साल भर में केवल उतने ही दिन होते हैं, जिनका आप उपयोग करते हैं। एक व्यक्ति साल भर में केवल एक सप्ताह का मूल्य प्राप्त करता है, जबकि दूसरा व्यक्ति एक सप्ताह में ही पूरे साल का मूल्य प्राप्त कर लेता है।

– चार्ल्स रिचर्ड्स

तीसरा बुनियादी सवाल : आपका समय कितना क़ीमती है ?

> *समय आपके जीवन का सिक्का है। यह आपके पास मौजूद इकलौता सिक्का है और सिर्फ़ आप ही यह तय कर सकते हैं कि इसे कैसे ख़र्च किया जाए। सतर्क रहें, वरना आपके बजाय दूसरे लोग इसे ख़र्च कर देंगे।*
>
> – कार्ल सैंडबर्ग

कहा जाता है, 'समय ही धन है।' परंतु यह कहावत पूरी तरह सच नहीं है। सच तो यह है कि समय सिर्फ़ संभावित धन है। अगर आप अपने समय का सदुपयोग करते हैं, तभी आप धन कमा सकते हैं। दूसरी ओर, अगर आप अपने समय का दुरुपयोग करते हैं, तो आप धन कमाने की संभावना को गँवा देते हैं।

क्या आप ठीक-ठीक जानते हैं कि आपका समय कितना क़ीमती है ? अगर नहीं, तो नीचे दिए फ़ॉर्मूले का प्रयोग करके यह जान लें –

समय का मूल्य ज्ञात करने का फॉर्मूला :

आपके एक घंटे का मूल्य = आपकी आमदनी/काम के घंटे

अपनी आमदनी में काम के घंटों का भाग देने से आप जान जाएँगे कि आपके एक घंटे के समय का वर्तमान मूल्य क्या है।

मान लें, आप हर महीने 20,000 रुपए कमाते हैं और इसके लिए आप महीने में 25 दिन 8 घंटे काम करते हैं। यानी आप कुल मिलाकर 200 घंटे काम करते हैं। इस स्थिति में आपके एक घंटे का मूल्य होगा : 20,000 (आमदनी) / 200 (काम के घंटे) = 100 रुपए।

इस उदाहरण में यदि आप रोज़ 1 घंटे का समय बर्बाद करते हैं, तो आपको हर दिन 100 रुपए का नुक़सान हो रहा है, यानी एक साल में 36,000 रुपए। यदि आप हर दिन दो घंटे बर्बाद करते हैं, तो इसका मतलब है कि आपको हर साल 72,000 रुपए का नुक़सान हो रहा है। यह अभ्यास करने के बाद आपकी आँखें खुल जाएँगी। इससे एक तो आपको यह पता चल जाएगा कि समय की बर्बादी करने से आपको कितना आर्थिक नुक़सान हो रहा है, इसलिए आप समय बर्बाद नहीं करेंगे। दूसरे, इससे अगर आपको यह आभास होता है कि आपके समय का वर्तमान मूल्य संतोषजनक नहीं है, तो आप उसे बढ़ाने के उपाय खोजने लगेंगे।

इस फ़ॉर्मूले का सिर्फ़ एक बार प्रयोग करने से ही आपके जीवन में चमत्कारिक परिवर्तन हो जाएगा। आप समय के

> *आधुनिक मनुष्य उन चीज़ों को ख़रीदने लायक़ पैसा कमाने के पीछे पागल है, जिनका आनंद वह व्यस्तता के कारण नहीं ले सकता।*
>
> – फ़्रैंक ए. क्लार्क

उपयोग को लेकर सतर्क हो जाएँगे। आप समय बर्बाद करना छोड़ देंगे। आप अपने समय के बेहतर उपयोग के तरीक़े खोजने लगेंगे। आप कम समय में ज़्यादा काम करने के उपाय खोजने लगेंगे। और यह सब केवल इसलिए होगा, क्योंकि अब आपको पता चल चुका है कि आपके काम का हर मिनट कितना क़ीमती है और उसे बर्बाद करके आप अपना कितना आर्थिक नुक़सान कर रहे हैं।

> *जिन चीज़ों को मनुष्य ख़र्च कर सकता है, उनमें समय सबसे मूल्यवान है।*
>
> **– थियोफ़्रेस्टस**

खंड 2 :
समय के सर्वश्रेष्ठ उपयोग के
30 सिद्धांत

1

समय के सर्वश्रेष्ठ उपयोग का पहला सिद्धांत

समय की लॉग बुक रखें

> *घड़ी को न देखते रहें; वही करें जो यह करती है। चलते रहें।*
>
> – सेम्युअल लीवेन्सन

जिस तरह आप पैसों का बजट बनाते हैं, उसी तरह समय का भी बजट बनाएँ। बजट बनाने के लिए आपको यह हिसाब लगाना होता है कि आपका पैसा कहाँ ख़र्च हो रहा है। समय के मामले में भी यही नीति अपनाएँ। एक डायरी लें और एक सप्ताह तक यह रिकॉर्ड रखें कि आप किस काम में कितना समय ख़र्च कर रहे हैं। ड्राइवरों की भाषा में इसे लॉग बुक कहा जाता है, जिसमें वे लिखते हैं कि गाड़ी कितने किलोमीटर चली और कहाँ तक चली। समय की अपनी लॉग बुक में आप जितना बारीक हिसाब रखेंगे, आपको उतना ही ज़्यादा फ़ायदा होगा। और हाँ, लॉग बुक के पहले कॉलम में गतिविधि के बजाय घंटे लिखें, ताकि कोई महत्वपूर्ण अंतराल न छूट पाए :

सुबह 6–6:30	उठना, चाय बनाना, नित्य कर्म
सुबह 6:30–7	पड़ोसी से बातचीत करना, अख़बार पढ़ना
सुबह 7–7:30	टी.वी. न्यूज़ देखना

सुबह 7:30–8	नहाना और पूजा–पाठ करना
सुबह 8–9	नाश्ता, तैयार होना
सुबह 9–शाम 6	ऑफ़िस जाना
शाम 6–7	आराम करना, टी.वी. देखना
शाम 7–9	दोस्तों की पार्टी, कार्यक्रम या समारोह में जाना
रात 9–10	टी.वी. देखना
रात 10–सुबह 6	सोना
दिन भर में मोबाइल फ़ोन पर बातचीत : 45 मिनट	

आप चाहें, तो लॉग बुक बनाने का काम कंप्यूटर में एक्सेल शीट पर या किसी अन्य सॉफ़्टवेयर पर भी कर सकते हैं। इसमें एक सप्ताह तक अपने हर घंटे का संक्षिप्त वर्णन लिखें। गारंटी है कि इससे आपकी आँखें खुल जाएँगी। इससे आपको यह पता चल जाएगा कि आपका समय किन गतिविधियों या कामों में लग रहा है। मोबाइल फ़ोन पर आपने कितनी देर बातचीत की, उसके लिए रात को अपने मोबाइल का कॉल रजिस्टर देखकर अवधि दर्ज कर लें। इंटरनेट पर आपने कितना समय दिया, यह भी कंप्यूटर की घड़ी देखकर दर्ज कर लें।

एक सप्ताह बाद रविवार को बैठकर इस पूरे रिकॉर्ड का अच्छी तरह विश्लेषण करें, ताकि आपको पता चल जाए कि आप अपना कितना समय इंटरनेट, मोबाइल फ़ोन, टी.वी. या सामाजिक मेल-मिलाप में ख़र्च कर रहे हैं। देखिए, इंसान

> *सिर्फ़ वही इतिहास मूल्यवान है, जो हम आज बनाते हैं।*
>
> – हेनरी फ़ोर्ड

मूलतः आलसी होता है, इसलिए आपके मन में भी इस अभ्यास से बचने का प्रलोभन जाग्रत हो सकता है। आप यह सोच सकते हैं कि लॉग बुक रखने की क्या ज़रूरत है। आप यह भी सोच सकते हैं कि आपको अच्छी तरह मालूम है कि आपका समय कहाँ जा रहा है। लेकिन ऐसा हर्गिज़ न करें। लॉग बुक को वह महत्वपूर्ण बुनियाद समझें, जिसकी नींव पर समय प्रबंधन का महल खड़ा है। इसलिए ख़ुद को अनुशासित करें और समय के सर्वश्रेष्ठ उपयोग के दूसरे सिद्धांत पर पहुँचने से पहले लॉग बुक रखें।

देखिए, लॉग बुक एक तरह से आपके समय के ख़र्च का एक्स-रे है। जब आप बीमार होने पर डॉक्टर के पास जाते हैं, तो वह सटीक बीमारी का पता लगाने के लिए मेडिकल टेस्ट्स और एक्स-रे करवाता है। एक्स-रे की तरह ही यह लॉग बुक भी ज़रूरी है, क्योंकि इसके विश्लेषण से ही आपको सटीकता से पता चलेगा कि आपके समय प्रबंधन की मूल समस्या क्या है। यह कभी न भूलें कि समय प्रबंधन की पहली आवश्यकता यह जानना है कि आपका समय कहाँ और कितना ख़र्च हो रहा है।

लॉग बुक का विश्लेषण इस दृष्टि से करें कि आपके द्वारा किए गए कौन से काम महत्वपूर्ण हैं और कौन से महत्वहीन, कहाँ से समय निकाला जा सकता है और किन कामों को पूरी तरह या आंशिक रूप से छोड़ा जा सकता है। जीवन का एक

> *जिसे करना हमारी शक्ति में है, उसे न करना भी हमारी शक्ति में है।*
>
> – अरस्तू

मूलभूत नियम यह है कि किसी नई चीज़ को करने के लिए आपको कोई पुरानी चीज़ छोड़नी होगी। अगर आपको कोई चीज़ पानी है, तो उसकी क़ीमत चुकानी होगी। अब चूँकि आप समय का सर्वश्रेष्ठ उपयोग करना चाहते हैं, इसलिए उसके लिए आपको क़ीमत तो चुकानी ही होगी। अतः पुरानी चीज़ों को छोड़ने के लिए अपना दिल पत्थर का कर लें और उतनी ही निर्ममता से विश्लेषण करें, जितनी निर्ममता से कोई सर्जन आपके सीने पर चीरा लगाता है। समय की फ़िज़ूलख़र्ची को जायज़ और तर्कसंगत साबित करने के प्रलोभन से बचें। उतनी ही निष्पक्षता से विश्लेषण करें, जैसे यह आपके नहीं, किसी दूसरे के समय-आवंटन की लॉग बुक हो।

आपके विश्लेषण का उद्देश्य यह पता लगाना है कि कौन सी गतिविधियाँ निरर्थक हैं या किन गतिविधियों में आप ज़रूरत से ज़्यादा समय दे रहे हैं, जिन्हें छोड़कर या जिनमें कटौती करके आप अपना समय ख़ाली कर सकते हैं। गहराई से सोचें, क्योंकि अपने समय को ख़ाली किए बिना आप नई गतिविधियाँ शुरू नहीं कर सकते। अगले सिद्धांत में आप आर्थिक लक्ष्य तय करेंगे, जिन्हें हासिल करने के लिए आपको अतिरिक्त समय की ज़रूरत होगी। लेकिन आपको अतिरिक्त समय तभी मिल सकता है, जब आप कुछ पुरानी गतिविधियों को छोड़ने का संकल्प करके अपना समय ख़ाली कर लें। विश्लेषण करते समय लाल पेन से उन विवरणों पर गोला लगा लें, जो आपको अपनी प्रगति के

> *जो लोग अपने समय का सबसे बुरा उपयोग करते हैं, वही सबसे पहले इसकी कमी का रोना रोते हैं।*
>
> – जीन डे ला ब्रूयर

लिए महत्वहीन लगते हैं। जैसे, टी.वी. देखना या मोबाइल फ़ोन पर लंबी बातचीत करना या दोस्तों के साथ पार्टियों में जाना। यदि आप पूरी गंभीरता से विश्लेषण करेंगे, तो आपको अपने समय-आवंटन में कई सुराख दिख जाएँगे। इस तरह आप चुटकियों में ही अपने कई घंटे ख़ाली कर लेंगे, जिन्हें आप अनुत्पादक कामों से निकालकर उपयोगी कार्यों में लगा सकते हैं।

देखिए, अगर लॉग बुक रखने से पहले कोई आपसे पूछता कि आप कितना समय बर्बाद करते हैं, तो आप तैश में आकर जवाब देते, 'मैं तो ज़रा भी समय बर्बाद नहीं करता!' यह इंसान का स्वभाव होता है। वह यह मानता है कि वह जो कर रहा है, सही कर रहा है। इसका मूल कारण यह है कि वह जानता ही नहीं है कि वह कुछ ग़लत कर रहा है। अगर उसे मालूम होता कि वह कोई ग़लत चीज़ कर रहा है, तो वह उसे करता ही नहीं। समय-प्रबंधन के संदर्भ में दरअसल दोष आपका नहीं है; वास्तव में आपको तो यह एहसास ही नहीं है कि आपका कितना समय अनावश्यक रूप से ख़र्च हो रहा है और कहाँ हो रहा है। यह एहसास तो लॉग बुक रखने के बाद ही होता है।

इसलिए समय के सर्वश्रेष्ठ उपयोग का पहला सिद्धांत है : लॉग बुक रखें।

> *ग़ुमशुदा होने की बात करें, तो यह समझ पाना मुश्किल है कि वे आठ घंटे कहाँ चले जाते हैं, जो आठ घंटे की नींद और आठ घंटे की नौकरी के बाद बचते हैं।*
>
> – डग लार्सन

2

समय के सर्वश्रेष्ठ उपयोग का दूसरा सिद्धांत

आर्थिक लक्ष्य बनाएँ

> *लक्ष्य से आपकी योजना को आकार मिलता है, योजना से आपके कार्य तय होते हैं, कार्यों से परिणाम हासिल होते हैं और परिणाम से आपको सफलता मिलती है। और यह सब लक्ष्य से शुरू होता है।*
>
> – शैड हेल्मसटेटर

अगर आपका कोई लक्ष्य ही नहीं है, तो आपकी सफलता संदिग्ध है। अगर आप यही नहीं जानते कि आप कहाँ पहुँचना चाहते हैं, तो आप कहीं नहीं पहुँच सकते। जैसे, किसी यात्रा पर जाने से पहले आपको यह पता होना चाहिए कि आप कहाँ जाना चाहते हैं, उसी तरह आपको यह भी पता होना चाहिए कि आर्थिक क्षेत्र में आप कहाँ पहुँचना चाहते हैं। तभी आप वहाँ तक पहुँच सकते हैं। यदि आपकी कोई मंज़िल ही नहीं है, तो आप वहाँ तक पहुँचने की योजना कैसे बनाएँगे और उस दिशा में कैसे चलेंगे ? अगर आप जीवन में कुछ करना चाहते हैं, तो यह जान लें कि लक्ष्य के बिना काम नहीं चलेगा।

लक्ष्य दो तरह के होते हैं : सामान्य लक्ष्य और निश्चित लक्ष्य।

सामान्य लक्ष्य इस प्रकार के होते हैं, 'मैं और ज़्यादा मेहनत करूँगा,' 'मैं अपनी कार्यकुशलता बढ़ाऊँगा,' 'मैं अपनी योग्यता में वृद्धि करूँगा' इत्यादि। दूसरी ओर, स्पष्ट लक्ष्य इस प्रकार के होते हैं, 'मैं हर दिन 8 घंटे काम करूँगा,' या 'मैं हर महीने 20,000 रुपए कमाऊँगा,' या 'मैं सॉफ़्टवेयर डिज़ाइनिंग का कोर्स करूँगा।' स्पष्ट लक्ष्य वे होते हैं, जिन्हें नापा या जाँचा जा सकता है।

लक्ष्य जितना स्पष्ट होता है, आपके सफल होने की संभावना उतनी ही ज़्यादा होती है। स्पष्ट आर्थिक लक्ष्य सफलता के लिए कितने महत्वपूर्ण होते हैं, इसका एक उदाहरण देखें।

'एक सेल्समैन की पत्नी अस्पताल में लंबे समय तक भर्ती रही। हैरानी की बात यह थी कि उस साल सेल्समैन ने अपने सामान्य औसत से लगभग दुगुना सामान बेचा। जब उससे उसकी सफलता का कारण पूछा गया, तो उसने कहा कि अस्पताल का बिल उसके सामने रखा था और वह सटीकता से जानता था कि बिल चुकाने के लिए उसे कितना सामान बेचना होगा।'

इस उदाहरण से यह स्पष्ट हो जाता है कि अगर कोई मनुष्य ठान ले, तो वह अपने आर्थिक लक्ष्य हासिल कर सकता है, बशर्ते उसके सामने स्पष्ट लक्ष्य हो।

इसलिए समय के सर्वश्रेष्ठ उपयोग का दूसरा सिद्धांत

> *अमीर बनने का मतलब है पैसा होना; बेहद अमीर बनने का मतलब है समय होना।*
>
> – मार्गरेट बोनानो

है : आर्थिक लक्ष्य बनाएँ।

आर्थिक लक्ष्य बनाना बहुत ही आसान है। आपको पहले तो यथार्थवादी ढंग से यह तय करना है कि आप हर महीने कितनी धनराशि कमाना चाहते हैं और फिर गणित की सहायता से यह पता लगाना है कि इस धनराशि को कैसे कमाया जाए।

उदाहरण के लिए, अगर कोई दुकानदार हर महीने 10,000 रुपए कमाना चाहता है और उसे एक प्रॉडक्ट बेचने पर 50 रुपए लाभ होता है, तो गणित आसान है। उसे हर महीने 200 प्रॉडक्ट्स बेचने हैं (10,000/50)। यदि वह महीने में 25 दिन काम करता है, तो उसे हर दिन 8 प्रॉडक्ट्स बेचने होंगे। औसत का यह आँकड़ा जानने के बाद अब वह काम को टाल नहीं सकता। अब वह मूड न होने या बोरियत का बहाना भी नहीं बना सकता। इसलिए, क्योंकि काग़ज़ पर अंकों का गणित उसे बता रहा है कि अगर लक्ष्य प्राप्त करना है, तो उसे हर दिन इतना काम करना ही पड़ेगा।

स्पष्ट लक्ष्य होने पर आपको हर पल पता रहता है कि आपने कितनी प्रगति की है और यह संतोषजनक है या नहीं। ऊपर दिए उदाहरण में अगर दुकानदार शाम तक 8 प्रॉडक्ट्स बेच लेता है, तो वह जान जाएगा कि उसने आज का लक्ष्य पूरा कर लिया है, परंतु अगर वह 8 प्रॉडक्ट्स नहीं बेच पाता, तो उसे यह एहसास हो जाएगा कि मासिक लक्ष्य तक पहुँचने

> *संसार हर उस व्यक्ति को जगह देने के लिए एक तरफ़ हट जाता है, जो जानता है कि वह कहाँ जा रहा है।*
>
> – डेविड जॉर्डन

के लिए अगले दिन उसे 8 से भी ज़्यादा प्रॉडक्ट्स बेचने होंगे।

आर्थिक लक्ष्य 20-20 क्रिकेट मैच के लक्ष्य की तरह होते हैं। बाद में खेलने वाली टीम जानती है कि उसका लक्ष्य क्या है और जीतने के लिए उसे हर ओवर में किस औसत से रन बनाना है ? हर ओवर के बाद अपेक्षित औसत घटता-बढ़ता रहता है और यही मासिक या वार्षिक आर्थिक लक्ष्यों के बारे में भी सही है।

आर्थिक लक्ष्य बनाना और उनके संदर्भ में अपनी प्रगति की जाँच करते रहना बेहद ज़रूरी है, क्योंकि हम अक्सर इस बारे में मुग़ालते में रहते हैं। हमें लगता है कि हम बहुत मेहनत कर रहे हैं, हमें लगता है कि हम जितना कर रहे हैं, उससे ज़्यादा नहीं कर सकते। लेकिन याद रखें, मेहनत का मतलब हमेशा सफलता नहीं होता। सफलता पाने के लिए यह ज़रूरी है कि मेहनत सही दिशा में की जाए। आर्थिक विश्लेषण से हमें यह पता चल जाता है कि हम सही दिशा में मेहनत कर रहे हैं या नहीं। देखिए, महत्वपूर्ण बात यह नहीं है कि आपका इनपुट क्या है, महत्वपूर्ण बात तो यह है कि आपका आउटपुट क्या है; यानी महत्वपूर्ण बात यह नहीं है कि आप कितनी मेहनत कर रहे हैं, बल्कि यह है कि आप कितने सफल हो रहे हैं।

> *अगर आपको वह फ़सल पसंद नहीं है, जो आप काट रहे हैं, तो उस बीज की जाँच करें, जो आप बो रहे हैं।*
>
> **– अज्ञात**

3

समय के सर्वश्रेष्ठ उपयोग का तीसरा सिद्धांत

सबसे महत्वपूर्ण काम सबसे पहले करें

मूर्ख व्यक्ति जो काम अंत में करता है, बुद्धिमान व्यक्ति उस काम को तत्काल कर देता है। दोनों एक ही काम करते हैं; फ़र्क सिर्फ़ समय का होता है।

— बाल्तेसर ग्रेशियन

अक्सर हमारी दिनचर्या इस तरह की होती है कि हमारे सामने जो काम आता है, हम उसे करने लग जाते हैं और इस वजह से हमारा सारा समय छोटे-छोटे कामों को निबटाने में ही चला जाता है। हमारे महत्वपूर्ण काम सिर्फ़ इसलिए नहीं हो पाते, क्योंकि हम महत्वहीन कामों में उलझे रहते हैं। महत्वाकांक्षी व्यक्ति को इस बारे में सतर्क रहना चाहिए, क्योंकि सफलता पाने के लिए यह आवश्यक है कि महत्वपूर्ण काम पहले किए जाएँ। हमेशा याद रखें कि सफलता महत्वहीन नहीं, बल्कि महत्वपूर्ण कामों से मिलती है, इसलिए अपनी प्राथमिकताएँ स्पष्ट रखें और अपना समय महत्वहीन कामों में न गँवाएँ।

इसलिए समय के सर्वश्रेष्ठ उपयोग का तीसरा सिद्धांत है : सबसे महत्वपूर्ण काम सबसे पहले करें।

समय के संबंध में अपनी प्राथमिकताएँ तय करने का एक उदाहरण देखें।

'एक मशहूर संगीतज्ञ जब वायलिन बजाना सीख रही थीं, तो उन्होंने पाया कि उनकी प्रगति संतोषजनक नहीं है। कारण खोजने पर उन्हें पता चला कि संगीत का अभ्यास करने से पहले घर साफ़ करने, सामान व्यवस्थित करने, खाना पकाने आदि कार्यों में उनका बहुत समय लग जाता है, इसलिए उन्हें वायलिन के अभ्यास के लिए कम समय मिल पाता है। यह जानने के बाद उन्होंने संकल्प किया कि चूँकि संगीत उनके लिए सबसे महत्वपूर्ण है, इसलिए वे सबसे पहले संगीत का अभ्यास करेंगी, बाक़ी सारे काम उसके बाद करेंगी। ख़ुद को इस तरह अनुशासित करने के बाद उन्होंने संगीत के क्षेत्र में उल्लेखनीय प्रगति की, क्योंकि अब वे अपना सबसे महत्वपूर्ण काम सबसे पहले कर रही थीं।'

इस उदाहरण से यह स्पष्ट हो जाता है कि हर महत्वाकांक्षी व्यक्ति को अपने सबसे महत्वपूर्ण काम सबसे पहले करने चाहिए, लेकिन इसके लिए उसे यह पता लगाना होगा कि सबसे महत्वपूर्ण काम हैं कौन से। उसके पास उसकी प्राथमिकताओं की स्पष्ट योजना होना चाहिए। ऐसा करना बहुत ही आसान है। एक डायरी में ए, बी और सी शीर्षक के तीन कॉलम बना लें। ए कॉलम में अपने सबसे महत्वपूर्ण काम

> *उसने ख़ाली कुँओं में ख़ाली बाल्टी डालने में पूरी ज़िंदगी गुज़ार दी और अब वह उन्हें ऊपर खींचने में अपना बुढ़ापा भी बर्बाद कर रहा है।*
>
> – सिडनी स्मिथ

रखें, जिन्हें आप अनिवार्य मानते हैं। बी कॉलम में ऐसे काम रखें जो अनिवार्य तो नहीं हैं, परंतु महत्वपूर्ण हैं। सी कॉलम में ऐसे सामान्य काम रखें, जो न तो अनिवार्य हैं, न ही महत्वपूर्ण।

दिनांक :		
ए (अनिवार्य कार्य)	बी (महत्वपूर्ण कार्य)	सी (सामान्य कार्य)
1.	1.	1.
2.	2.	2.
3.	3.	3.

दिन में सबसे पहले ए कॉलम के पहले काम यानी ए1 काम से शुरू करें, जो सबसे अनिवार्य काम होगा। उसे पूरा करने के बाद आप इसी कॉलम के दूसरे काम करने में जुट जाएँ और इस तरह ए कॉलम के सारे काम निबटा लें। ए कॉलम के बाद बी कॉलम के काम शुरू करें और इसके बाद समय बचने पर ही सी कॉलम के कामों की ओर जाएँ।

महत्व के क्रम में अपनी प्राथमिकताओं की कार्यसूची बनाना बहुत महत्वपूर्ण होता है। हमें रॉबर्ट जे. मैकैन की यह बात हमेशा याद रखना चाहिए, 'अधिकांश बड़े लक्ष्य हासिल न हो पाने का कारण यह है कि हम छोटी चीज़ों को पहले करने में अपना समय बर्बाद कर देते हैं।'

बोले या लिखे गए सबसे दुखद शब्द हैं, 'मैं यह काम कर सकता था।'

– व्हिटियर

समय के सर्वश्रेष्ठ उपयोग का चौथा सिद्धांत

यात्रा के समय का अधिकतम उपयोग करें

सफल व्यक्ति ऐसे काम करने की आदत डाल लेता है, जिन्हें असफल लोग नहीं करना चाहते। हालाँकि सफल व्यक्तियों को भी वे काम अच्छे नहीं लगते हैं, लेकिन उद्‌देश्य को याद रखते हुए वे नापसंद कार्यों से मुँह नहीं मोड़ते।

— ई. एम. ग्रे

हर सफल व्यक्ति अपने 24 घंटों में ज़्यादा से ज़्यादा उपयोगी काम करना चाहता है। उसकी पूरी दिनचर्या ही समय के सर्वश्रेष्ठ उपयोग पर केंद्रित होती है। माइक मरडॉक ने कहा भी है, 'आपके भविष्य का रहस्य आपकी दिनचर्या में छिपा हुआ है।' यात्रा आपकी दिनचर्या का एक महत्वपूर्ण हिस्सा है। आज हर व्यक्ति बहुत सी यात्राएँ करता है, जिनमें उसका बहुत समय लगता है। फ़र्क़ सिर्फ़ इतना होता है कि जहाँ आम व्यक्ति यात्रा के समय में हाथ पर हाथ धरकर बैठता है, वहीं सफल व्यक्ति अपने बहुमूल्य समय का अधिकतम उपयोग करता है।

इसलिए समय के सर्वश्रेष्ठ उपयोग का चौथा सिद्धांत है : यात्रा के समय का अधिकतम उपयोग करें।

महात्मा गाँधी यात्रा करते समय नींद लेते थे, ताकि वे तरोताज़ा हो सकें। नेपोलियन जब सेना के साथ युद्ध करने जाते थे, तो रास्ते में पत्र लिखकर अपने समय का सदुपयोग करते थे। एडिसन अपने समय की बर्बादी को लेकर इतने सचेत थे कि किशोरावस्था में जब वे रेल में यात्रा करते थे, तो अपने प्रयोगों में जुटे रहते थे। माइक्रोसॉफ़्ट के संस्थापक बिल गेट्स यात्रा के दौरान मोबाइल पर ज़रूरी बातें करके इस सिद्धांत पर अमल करते हैं। बिल गेट्स ने तो एक बार अपने गैरेज में अफ़्रीका का नक़्शा टाँग दिया था, ताकि जब वे अपनी कार का इग्निशन बंद करें, तो उनके क़ीमती सेकंड बर्बाद न हों, बल्कि उनका कुछ उपयोग हो जाए। समय को लेकर सभी सफल लोग सतर्क रहते हैं, क्योंकि वे जानते हैं कि समय बड़ा बलवान होता है और इसके सदुपयोग से ही सफलता संभव है।

आप और हम भी अपनी यात्रा के समय का लाभ उठा सकते हैं। नौकरीपेशा लोगों को घर से ऑफ़िस तक की यात्रा में काफ़ी समय लग जाता है और सेल्समैन का तो अधिकांश समय यात्रा में ही बीतता है। हमें यह जान लेना चाहिए कि अगर हम हर दिन ढाई घंटे यात्रा करते हैं, तो हमारे जीवन का लगभग दस प्रतिशत समय तो यात्रा में ही चला जाता है।

> *इस विचित्र जीवन का एक विचित्र सत्य यह है कि जो लोग सबसे ज़्यादा मेहनत करते हैं, ख़ुद पर सबसे ज़्यादा अनुशासन लादते हैं और किसी लक्ष्य को प्राप्त करने के लिए कुछ आनंददायक चीज़ों का त्याग करते हैं, वही सबसे ज़्यादा सुखी होते हैं।*
>
> – ब्रूटस हैमिल्टन

इस समय में कोई मूल्यवान कार्य करके आप इसका सार्थक उपयोग कर सकते हैं।

देखिए, यात्रा के दौरान ज़्यादातर लोग या तो मोबाइल पर गाने सुनते हैं या फिर अख़बार पढ़ते हैं या गपशप करते रहते हैं। वे यह नहीं जानते कि इस दौरान प्रेरक पुस्तकें पढ़कर, शैक्षणिक टेप्स सुनकर या कोई अन्य महत्वपूर्ण काम करके वे अपने लक्ष्य तक ज़्यादा तेज़ी से पहुँच सकते हैं। अध्ययनों से पता चला है कि आम तौर पर सेल्समैन का 45 प्रतिशत कामकाजी समय यात्रा में गुज़रता है। ज़ाहिर है, जो सेल्समैन यात्रा के समय का बेहतर उपयोग करना सीख लेता है, वह अपने साथियों की तुलना में ज़्यादा सफल होता है।

इंतज़ार करना किसी को अच्छा नहीं लगता, परंतु कई बार हमें मजबूरन किसी व्यक्ति या बस/ट्रेन का इंतज़ार करना पड़ता है। इसलिए हमारे पास ऐसे छुटपुट कामों की सूची होनी चाहिए, जिन्हें हम इंतज़ार करते समय निबटा सकें। यदि हमारे ब्रीफ़केस में छुटपुट काम तैयार रहते हैं, तो हमें इंतज़ार में कष्ट भी नहीं होगा और हमारा काम भी हो जाएगा।

मशहूर ब्रिटिश एस्ट्रो-फ़िज़िसिस्ट हर्मेन बॉन्डी को इतनी ज़्यादा यात्राएँ करनी पड़ती थीं कि वे यात्राओं के दौरान अपने ऑफ़िस का काम निबटा लेते थे। एक बार तो जब एक यूरोपीय हवाई अड्डे पर उनकी हवाई उड़ान में विलंब हुआ, तो उन्होंने

> *यदि आप समय का मूल्य नहीं जानते हैं, तो आपका जन्म शोहरत के लिए नहीं हुआ है।*
>
> – मार्किस डे वॉवेनरग्यूज़

उस समय का सदुपयोग करते हुए एक रिसर्च पेपर लिख डाला! इसे कहते हैं यात्रा के समय का सदुपयोग! जब आपके मन में किसी काम को करने की प्रबल इच्छा होती है, तो समय निकल ही आता है। फ्रेडरिक नीत्शे की बात याद रखें, 'जब किसी मनुष्य के पास रखने के लिए ज़्यादा सामान होता है, तो दिन की पोशाक में सौ जेबें होती हैं।' समय का ध्यान रखेंगे, तो समय भी आपका ध्यान रखेगा।

हर दिन समय जो छोटे–छोटे अंतराल देता है, उनमें बहुत कुछ किया जा सकता है, जिन्हें अधिकांश लोग बर्बाद कर देते हैं।

– चार्ल्स कैलेब कोल्टन

समय के सर्वश्रेष्ठ उपयोग का पाँचवाँ सिद्धांत

काम सौंपना (डेलीगेशन) सीखें

> *टाइम मैनेजमेंट दरअसल बहुत से छोटे बिज़नेस मालिकों के लिए समस्या होती है और इसका कारण यह है कि उन्हें बहुत सारा काम ख़ुद करना पड़ता है – छोटे कामों से लेकर बड़े कामों तक सब कुछ।*
>
> – नॉर्मन स्कैरबरो

कोई भी इंसान सब कुछ नहीं कर सकता। बहरहाल, कई लोग हर काम ख़ुद करने की कोशिश करते हैं। और ज़ाहिर है, वे असफल होते हैं।

हर व्यक्ति यह चाहता है कि अपने महत्वपूर्ण काम वह ख़ुद करे, लेकिन एक निश्चित ऊँचाई पर पहुँचने के बाद प्रगति करने के लिए दूसरों को काम सौंपना अनिवार्य हो जाता है। बिज़नेस की शुरुआत में तो व्यक्ति सारे काम ख़ुद कर सकता है, परंतु बिज़नेस बढ़ने के बाद काम इतने बढ़ जाते हैं कि सहयोगियों के बिना तरक़्क़ी नहीं हो सकती। ऐसे में अगर वह सही सहयोगी खोजकर उन्हें काम सौंपना (डेलीगेशन) सीख ले, तो वह आगे भी प्रगति कर सकता है। अगर वह यह नहीं सीख पाता, तो भविष्य में उसकी प्रगति की संभावना धूमिल हो जाती है।

बहरहाल, दूसरों को महत्वपूर्ण काम सौंपना आसान नहीं होता। दूसरों की योग्यता, बुद्धि, क्षमता और निष्ठा पर भरोसा करना आसान नहीं होता। लेकिन बड़ी सफलता हासिल करने के लिए ऐसा करना अनिवार्य होता है। इसके बाद ही सच्ची प्रगति संभव है, क्योंकि अब आप अकेले नहीं हैं। अब आपके पास एक टीम है, जिसकी वजह से आपका समय कई गुना बढ़ जाता है और आप उसका सदुपयोग करके ज़्यादा तेज़ी से अपनी मंज़िल पर पहुँच सकते हैं।

इसलिए समय के सर्वश्रेष्ठ उपयोग का पाँचवाँ सिद्धांत है : काम सौंपना सीखें।

ज़्यादातर लोगों के साथ एक बड़ी समस्या यह है कि वे हर काम ख़ुद करने की कोशिश करते हैं। वे दूसरों को काम नहीं सौंपना चाहते, क्योंकि उन्हें लगता है, 'मैं इसे ज़्यादा अच्छी तरह से कर सकता हूँ,' या 'मैं इसे दूसरों से ज़्यादा जल्दी कर सकता हूँ।' उन्हें यह समझ ही नहीं आता है कि बड़ी सफलता पाने के लिए उन्हें दूसरों को काम सौंपना ही होगा, चाहे यह उन्हें पसंद हो या न हो। प्रगति की राह में एक ऐसा मोड़ आता है, जहाँ भविष्य में प्रगति करने के लिए दूसरों को काम सौंपना अनिवार्य हो जाता है, इसलिए बेहतर होगा कि आप काम सौंपने की कला सीख लें।

काम सौंपने के लिए आपको सिर्फ़ इतना करना है कि आप किसी सही व्यक्ति को खोजकर उसे काम सौंप दें। यानी

> *जो लोग छोटी–छोटी चीज़ों में उलझे रहते हैं, वे बड़े काम नहीं कर पाते।*
>
> – ला रोशफ़ूको

कि ऐसा व्यक्ति चुनें, जिसमें उस काम को अच्छी तरह से करने की क्षमता और इच्छा हो। फिर उसे बता दें कि उसे क्या करना है, कैसे करना है और कब तक करना है। इसके बाद आप सौंपे गए काम और उसके पूर्ण होने की तारीख़ को अपनी डायरी में लिख लें। डेलीगेशन या काम सौंपने का तरीक़ा इतना ही आसान है।

सौंपे गए काम की प्रगति की निगरानी करना अच्छी बात है, लेकिन यह भी ध्यान रखें कि ज़्यादा निगरानी में आपका समय बर्बाद होता है और सामने वाले को बुरा भी लग सकता है कि आप उसकी क्षमता या योग्यता पर भरोसा नहीं कर रहे हैं।

काम सौंपने की कला में निपुण होने के लिए सिर्फ़ दो चीज़ों की ज़रूरत होती है : यह पता लगाना कि कौन से काम सौंपे जा सकते हैं – और किसे। बस इतनी सावधानी बरतें कि अति गोपनीय या अत्यंत महत्वपूर्ण काम दूसरों को सौंपने के बजाय ख़ुद करें।

> *अमीर लोग समय में निवेश करते हैं, ग़रीब लोग धन में निवेश करते हैं।*
>
> – वॉरेन बफ़ेट

6

समय के सर्वश्रेष्ठ उपयोग का छठा सिद्धांत

पैरेटो के 20/80 के नियम को जानें

व्यस्त होना ही काफ़ी नहीं है; व्यस्त तो चींटियाँ भी होती हैं। सवाल यह है कि आप किस काम में व्यस्त हैं।

– थोरो

पैरेटो का 20/80 का नियम समय के सर्वश्रेष्ठ उपयोग के लिए बहुत महत्वपूर्ण है, क्योंकि इसे जानने के बाद हम समय का बेहतर उपयोग कर सकते हैं। पैरेटो के अनुसार 'आपकी 20 प्रतिशत प्राथमिकताएँ आपको 80 प्रतिशत परिणाम देंगी, बशर्ते आप अपनी शीर्षस्थ 20 प्रतिशत प्राथमिकताओं पर अपना समय, ऊर्जा, धन और कर्मचारी लगाएँ।' यानी हमें अपने 80 प्रतिशत परिणाम 20 प्रतिशत समय से मिलते हैं। इसका यह अर्थ भी है कि हमारे समय का अधिकांश हिस्सा, यानी 80 प्रतिशत, सिर्फ़ 20 प्रतिशत परिणाम हासिल करने में बर्बाद होता है।

यदि हम अपने समय का सर्वश्रेष्ठ उपयोग करना चाहते हैं, तो यह आवश्यक है कि हम उस 20 प्रतिशत सार्थक समय का पता लगाएँ और जहाँ तक संभव हो, उसे बर्बाद होने से बचाएँ। यही नहीं, हमें उस 80 प्रतिशत समय का भी पता

लगाना चाहिए, जिसमें हम सिर्फ़ 20 प्रतिशत परिणाम ही हासिल कर पाते हैं। ऐसा करने पर हम अपने सार्थक समय के अनुपात को बढ़ा सकते हैं और निरर्थक समय को कम कर सकते हैं।

योजना बनाते समय पैरेटो के 20/80 के नियम का पालन करने से आपकी सफलता में आशातीत वृद्धि होती है, क्योंकि इससे आप यह महत्वपूर्ण तथ्य जान जाते हैं कि कौन सा समय आपकी सफलता में कितना योगदान दे रहा है।

इसलिए समय के सर्वश्रेष्ठ उपयोग का छठा सिद्धांत है : पैरेटो के 20/80 के नियम को जानें।

पैरेटो का नियम अप्रत्यक्ष रूप से हमें पूर्णतावाद या परफ़ेक्शन के प्रति भी सावधान करता है। यह बताता है कि हम 80 प्रतिशत काम 20 प्रतिशत समय में ही पूरा कर लेते हैं, और बचे हुए 20 प्रतिशत काम में 80 प्रतिशत समय बर्बाद करते हैं, सिर्फ़ इसलिए क्योंकि हम उस काम को आदर्श तरीक़े से करना चाहते हैं। कई बार परफ़ेक्शन या पूर्णता का आग्रह समय की बर्बादी का कारण बन जाता है और व्यक्ति को असफल करा सकता है।

यदि आपको लगता है कि आप कड़ी मेहनत करने के बावजूद सफल नहीं हो रहे हैं, तो पैरेटो के सिद्धांत को आज़माकर देखें। इससे आप यह जान जाएँगे कि आप किस काम में कितनी मेहनत कर रहे हैं। देखिए, वास्तविक संसार में यह महत्वपूर्ण

> *यदि आप अपनी परिस्थितियों को बदलना चाहते हैं, तो अलग तरीक़े से सोचना शुरू करें।*
>
> – नॉर्मन विन्सेन्ट पील

नहीं होता कि आप कितनी कड़ी मेहनत करते हैं; महत्वपूर्ण तो यह होता है कि आप कितनी बुद्धिमानी या चतुराई से मेहनत करते हैं। यह पता लगाना सफलता के लिए बहुत ज़रूरी है कि आप अपने लक्ष्य का पीछा करने में कितना समय लगा रहे हैं और छोटे-छोटे कामों में कितना समय बर्बाद कर रहे हैं। अक्सर ऐसा होता है कि हम अपना समय छोटे-छोटे कामों में लगा देते हैं। हम यह सोचते हैं कि पहले आसान और छोटे काम निबटा लें, इसके बाद आराम से अपने महत्वपूर्ण या बड़े काम निबटा लेंगे। बहरहाल, बाद में जाकर हमें इस दुखद तथ्य का एहसास होता है कि महत्वपूर्ण या बड़े कामों के लिए हमारे पास समय बचा ही नहीं है। यदि आप पैरेटो के सिद्धांत को याद रखेंगे, तो ऐसा कभी नहीं होगा!

शास्त्रों का ज्ञान असीमित है और सीखने के विषय बहुत सारे हैं। हमारे पास सीमित समय है और सीखने की राह में कई बाधाएँ हैं। इसलिए सीखने के लिए सबसे महत्वपूर्ण चीज़ ही चुनें, जिस तरह हंस दूध में मिले पानी को छोड़ देते हैं और सिर्फ़ दूध पीते हैं।

– चाणक्य

7

समय के सर्वश्रेष्ठ उपयोग का सातवाँ सिद्धांत

पार्किन्सन के नियम का लाभ लें

> *बुरी ख़बर यह है कि समय उड़ता है। अच्छी ख़बर यह है कि आप इसके पायलट हैं।*
>
> – माइकल आल्थसुलर

समय के सर्वश्रेष्ठ उपयोग के लिए पार्किन्सन के नियम को जानना बहुत आवश्यक है। पार्किन्सन का नियम है, 'काम उतना ही फैल जाता है, जितना इसके लिए समय होता है।'

इसका अर्थ यह है कि हमारे पास जितना काम होता है, हमारा समय भी उसी के अनुरूप फैलता या सिकुड़ता है। यानी अगर हम कम समय में ज़्यादा काम करने की योजना बनाएँगे, तो समय फैल जाएगा और वे सारे काम उसी अवधि में पूरे हो जाएँगे। दूसरी ओर, अगर हम उतने ही समय में कम काम करने की योजना बनाएँगे, तो समय सिकुड़ जाएगा और उतनी ही अवधि में हम कम काम कर पाएँगे।

इसलिए समय के सर्वश्रेष्ठ उपयोग का सातवाँ सिद्धांत है : पार्किन्सन के नियम का लाभ लें।

लक्ष्य जितना बड़ा होगा, उपलब्धि भी उतनी ही बड़ी होगी। एक दिवसीय क्रिकेट मैच का उदाहरण देखें। जब दूसरी

टीम पहली टीम द्वारा निर्धारित लक्ष्य का पीछा करती है, तो इस बात से फ़र्क़ नहीं पड़ता कि उसके सामने पचास ओवर में जीत के लिए 225 रनों का लक्ष्य है या 275 रनों का। लक्ष्य चाहे जो हो, आम तौर पर उसे अंतिम तीन-चार ओवरों में ही हासिल किया जाता है। यहाँ पर महत्वपूर्ण बात यह है कि दूसरी टीम उतने ही समय में अपने लक्ष्य तक पहुँचती है, चाहे उसका लक्ष्य छोटा हो या बड़ा। यही हमारे और आपके बारे में भी सही है। जो व्यक्ति बड़े लक्ष्य बनाता है, वह अपने सीमित समय का सर्वश्रेष्ठ उपयोग करने में सफल हो जाता है, जबकि छोटे लक्ष्य बनाने वाला अपने समय का सीमित उपयोग ही कर पाता है।

इसका एक और उदाहरण देखें - जब हम सैर-सपाटा करने या लंबी छुट्टियाँ मनाने जाते हैं, तो उससे कुछ दिन पहले हम अपने घर और ऑफ़िस के काम ताबड़तोड़ तरीक़े से निबटाने में जुट जाते हैं। उस सप्ताह में हम सामान्य से दुगुना या तिगुना काम कर लेते हैं। हम फटाफट काम करते हैं और कम समय में ज़्यादा काम करते हैं, क्योंकि हमें निश्चित समयसीमा में काम निबटाकर छुट्टियाँ मनाने जाना है। हमारे पास समय कम होता है और काम.ज्यादा, लेकिन चूँकि हमारे सामने स्पष्ट लक्ष्य होता है, इसलिए हम उसे हासिल कर लेते हैं और यह पार्किन्सन के नियम की वजह से संभव हो पाता है।

> *जो ऊँची छलाँग लगाना चाहता है, उसे लंबा दौड़ना होगा।*
>
> – डेनिश सूक्ति

काम की प्रकृति से भी समय के फैलने या सिकुड़ने का संबंध होता है। जब किसी काम में हमारी रुचि होती है, तो वह काम जल्दी हो जाता है। दूसरी ओर, जब किसी काम में हमारी रुचि नहीं होती, तो वह देर से होता है। इसीलिए यह कहा जाता है कि वह व्यक्ति सौभाग्यशाली है, जो अपने काम से प्रेम करता है, क्योंकि वह कम समय में ज़्यादा काम कर सकता है, ज़्यादा अच्छी तरह से काम कर सकता है और इस वजह से ज़्यादा सफल भी हो सकता है।

हर दिन इस तरह जिएँ, जैसे यह आपका आख़िरी दिन हो।

– मार्कस ऑरेलियस

8

समय के सर्वश्रेष्ठ उपयोग का आठवाँ सिद्धांत

अपने प्राइम टाइम में काम करें

> *सबसे महत्वपूर्ण चीज़ें सबसे महत्वहीन चीज़ों की दया पर कभी नहीं छोड़ी जानी चाहिए।*
>
> – गेटे

टेलीविज़न पर प्राइम टाइम में - यानी रात आठ बजे से दस बजे तक - विज्ञापन की क़ीमत सबसे ज़्यादा होती है। विज्ञापन उतने ही समय का रहता है, परंतु इसकी क़ीमत बढ़ जाती है। क़ीमत बढ़ने का कारण सिर्फ़ यह होता है कि वह विज्ञापन प्राइम टाइम में प्रसारित किया जाता है, जिसमें इसे ज़्यादा दर्शकों द्वारा देखा जाता है।

टेलीविज़न के प्राइम टाइम की अवधारणा से हम यह सीख सकते हैं कि हमारे-आपके लिए भी दिन के चौबीसों घंटे एक से नहीं होते। दिन के किसी ख़ास समय आपकी ऊर्जा, विचार-शक्ति, उत्साह और कार्यक्षमता बाक़ी समय की तुलना में अधिक होती है। यही आपका प्राइम टाइम है। ज़्यादातर लोगों के लिए सुबह का समय प्राइम टाइम होता है, जब वे बड़े-बड़े काम चुटकियों में कर सकते हैं। परंतु ध्यान रहे, हर व्यक्ति का प्राइम टाइम अलग-अलग होता है। कई लोगों के लिए रात का समय प्राइम टाइम हो सकता है और कइयों के

लिए दोपहर का। आपका प्राइम टाइम चाहे सुबह का हो या रात का, महत्वपूर्ण बात इसे पहचानना है।

आपका प्राइम टाइम कौन सा है, यह पहचानना इसलिए ज़रूरी है, ताकि आप अपने समय का सर्वश्रेष्ठ उपयोग कर सकें। अपने सबसे महत्वपूर्ण या रचनात्मक काम इसी दौरान करें, ताकि वे अच्छी तरह से और जल्दी हो सकें। अपने प्राइम टाइम में छुटपुट काम करके उसे बर्बाद न करें, क्योंकि छुटपुट काम तो आप बाक़ी के समय में भी कर सकते हैं।

इसलिए समय के सर्वश्रेष्ठ उपयोग का आठवाँ सिद्धांत है : अपने प्राइम टाइम में काम करें।

यदि आप सुबह के समय ज़्यादा फुर्तीले, ऊर्जावान और चुस्त होते हैं, यानी सुबह का वक़्त आपका प्राइम टाइम है, तो आप एक तरह से सौभाग्यशाली हैं। अगर आप दोपहर में एक झपकी ले लें, तो आप एक दिन में दो सुबहें प्राप्त कर सकते हैं। दोपहर की झपकी के बाद आप लगभग उतने ही फुर्तीले, ऊर्जावान और चुस्त हो सकते हैं, जितने कि सुबह थे।

अक्सर इस बात को नज़रअंदाज़ कर दिया जाता है कि समय की मात्रा और गुणवत्ता में कोई सीधा संबंध नहीं होता। कई बार तो एक घंटे में ही इतना कुछ हो जाता है, जो आम तौर पर एक दिन में नहीं हो पाता। याद रखें, समय की मात्रा के बजाय उसकी सघनता और गुणवत्ता ज़्यादा महत्वपूर्ण हैं।

> ***सही समय पर पत्थर फेंकना ग़लत समय पर सोना देने से बेहतर है।***
>
> – फ़ारसी कहावत

काम के लंबे घंटे महत्वपूर्ण नहीं हैं; महत्वपूर्ण बात यह है कि वे ठोस और सघन हों। इसी को अँग्रेज़ी में क्वालिटी टाइम कहा जाता है।

ध्यान रखें, वह व्यक्ति ज़्यादा सफल नहीं होता, जो दिन में आठ घंटे काम करने का लक्ष्य बनाता है; ज़्यादा सफल तो वह व्यक्ति होता है, जो दिन में आठ या नौ काम करने का लक्ष्य बनाता है। दोनों में फ़र्क़ सिर्फ़ इतना है कि पहला व्यक्ति समय की मात्रा को महत्व देता है और दूसरा समय की गुणवत्ता को... और इसी से उनकी सफलता में ज़बर्दस्त फ़र्क़ पड़ता है।

अपनी प्राथमिकताओं की समीक्षा करें और यह सवाल पूछें– हमारे समय का इस वक़्त सबसे अच्छा उपयोग क्या है?

– एलन लेकीन

समय के सर्वश्रेष्ठ उपयोग का नवाँ सिद्धांत

स्वयं को व्यवस्थित करें

> *जो व्यक्ति एक घंटा भी बर्बाद करने की हिमाक़त करता है, वह जीवन के मूल्य को नहीं समझ पाया है।*
>
> – चार्ल्स डार्विन

अव्यवस्थित जीवन हमारे सामने कई मुश्किलें खड़ी कर देता है। इनमें से एक मुश्किल यह है कि हमारा समय न चाहते हुए भी अनावश्यक रूप से बर्बाद होता है और दुखद बात यह है कि हम ख़ुद ही इसके लिए दोषी होते हैं।

इसलिए समय के सर्वश्रेष्ठ उपयोग का नवाँ सिद्धांत है : स्वयं को व्यवस्थित करें।

अव्यवस्था का सबसे आम उदाहरण है किसी काग़ज़ या फ़ाइल का न मिलना। अनुमान है कि ऑफ़िस में काम करने वाले लोग किसी काग़ज़ या फ़ाइल को खोजने में हर दिन लगभग 30 मिनट बर्बाद करते हैं। आलस या जल्दबाज़ी के कारण हम किसी चीज़ को सही जगह पर नहीं रखते और फिर उसे खोजने में ऑफ़िस या घर को अस्त-व्यस्त कर देते हैं। अंत में हमें वह चीज़ किसी ऐसी जगह पर मिलती है, जहाँ उसे रखा ही नहीं जाना चाहिए था।

अव्यवस्था का एक और रूप है बीमारी। असंतुलित भोजन, अनियमित नींद, चिंता, तनाव और हानिकारक आदतों की वजह से अक्सर हम ख़ुद ही बीमारी को आमंत्रित करते हैं। समय का सर्वश्रेष्ठ उपयोग करने के लिए हमें व्यवस्थित जीवन जीना चाहिए, ताकि बीमारी हमसे दूर ही रहे। हमें यह याद रखना चाहिए कि बीमारी की वजह से हमारे कई दिन बर्बाद हो सकते हैं, क्योंकि इस दौरान हम कोई रचनात्मक या चुनौतीपूर्ण कार्य करने की स्थिति में नहीं होते हैं। बीमारी की वजह से समय की बर्बादी दुखद है, क्योंकि संतुलित आहार तथा नियमित व्यायाम द्वारा अधिकांश बीमारियों से बचा जा सकता है।

अव्यवस्था का एक और रूप है आवश्यकता से अधिक या कम भोजन करना। अधिक भोजन करने के बाद हम सुस्त पड़ जाते हैं, हमारी एकाग्रता और ऊर्जा में कमी आ जाती है, जिस वजह से हमारा काम अच्छी तरह नहीं हो पाता है। दूसरी तरफ़, ज़रूरत से कम भोजन करना भी ठीक नहीं है, क्योंकि ऐसा करने पर हमें कमज़ोरी या सिरदर्द होने लगता है, हम जल्दी थक जाते हैं, चिड़चिड़े हो जाते हैं, और इस वजह से अपने काम को पूरी एकाग्रता तथा ऊर्जा के साथ नहीं कर पाते।

अव्यवस्था का एक और रूप है अनावश्यक चर्चा, चाहे वह चर्चा प्रत्यक्ष हो या अप्रत्यक्ष (जैसे फ़ोन पर)। फ़ोन पर चर्चा करने से पहले यदि हमारे पास आवश्यक बातों की बिंदुवार योजना हो, तो चर्चा सार्थक होती है। परंतु अगर हम

हर समय की तरह यह समय भी बहुत अच्छा है, बशर्ते हम जानते हों कि इसका क्या करें।

– रैल्फ़ वॉल्डो एमर्सन

फ़ोन पर ग़ैर-ज़रूरी बातें करते रहें और ज़रूरी बातें भूल जाएँ, तो निश्चित रूप से यह हमारी लापरवाही का सूचक और समय की बर्बादी का उदाहरण है।

अव्यवस्था का एक और आम उदाहरण है बिना अपॉइंटमेंट लिए किसी से मिलने चले जाना। यदि आपने अपॉइंटमेंट नहीं लिया है, तो हो सकता है कि आपको मिलने के लिए अनावश्यक इंतज़ार करना पड़े और आपका समय बर्बाद हो। यह भी हो सकता है कि सामने वाला आपसे मिले ही नहीं और आपके आने-जाने का पूरा समय बर्बाद हो जाए।

यह ध्यान रखें कि अगर आपकी दिनचर्या व्यवस्थित है, तो आपका जीवन भी व्यवस्थित होगा और जब आपका जीवन व्यवस्थित होगा, तो आप सहजता से समय का सर्वश्रेष्ठ उपयोग कर पाएँगे।

> *दिन भी कितनी रहस्यमय चीज़ होते हैं। कई बार वे पंख लगाकर उड़ जाते हैं और कई बार वे अंतहीन लगते हैं, लेकिन उन सभी में चौबीस घंटे ही होते हैं। ऐसा बहुत कुछ है, जो हम उनके बारे में नहीं जानते।*
>
> – मेलेनी बेंजामिन

10

समय के सर्वश्रेष्ठ उपयोग का दसवाँ सिद्धांत

टाइमटेबल बनाएँ

हमारे पास समय की सबसे ज़्यादा कमी होती है,
परंतु इसी का हम सबसे ज़्यादा दुरुपयोग करते हैं।
— विलियम पेन

जिस तरह पैसे की बर्बादी को रोकने के लिए बजट बनाना ज़रूरी है, उसी तरह समय की बर्बादी को रोकने के लिए टाइमटेबल बनाना ज़रूरी है।

इसलिए समय के सर्वश्रेष्ठ उपयोग का दसवाँ सिद्धांत है : टाइमटेबल बनाएँ।

आपका टाइमटेबल दो तरह का हो सकता है : पूर्ण टाइमटेबल और संक्षिप्त टाइमटेबल।

पूर्ण टाइमटेबल

पूर्ण टाइमटेबल में आप पूरे 24 घंटे की योजना बनाते हैं, जबकि संक्षिप्त टाइमटेबल में आप सिर्फ़ सीमित समय की ही योजना बनाते हैं।

आइए, पूर्ण टाइमटेबल का उदाहरण देखें :

8 घंटे	नींद और स्नान
2 घंटे	नाश्ता, लंच, डिनर, चाय–कॉफ़ी इत्यादि
2 घंटे	टी.वी. सीरियल, टी.वी. न्यूज़, अख़बार, पत्रिकाएँ, पुस्तकें
1 घंटा	ऑफ़िस आना–जाना, यात्रा में लगने वाला समय
1 घंटा	सामाजिक जीवन
2 घंटे	पारिवारिक जीवन
8 घंटे	कामकाज, नौकरी या बिज़नेस

संक्षिप्त टाइमटेबल

संक्षिप्त टाइमटेबल में आप पूरे दिन की योजना नहीं बनाते, सिर्फ़ अपने कामकाज या बिज़नेस के घंटों की योजना बनाते हैं। मान लें, आप हर दिन 8 घंटे काम करना चाहते हैं। इस स्थिति में आप ख़ुद से कहते हैं, 'मैं सुबह 9 बजे से दोपहर 1 बजे तक और दोपहर 2 बजे से शाम 6 बजे तक काम करूँगा।' आपके टाइमटेबल में बाक़ी कामों की कोई योजना नहीं होती। इसमें सिर्फ़ आपके काम के समय की योजना होती है। यदि किसी दिन या किसी सप्ताह आपके पास ज़रूरत से ज़्यादा काम होता है, तो उसे पूरा करने के लिए आप अपने टाइमटेबल में एक–दो घंटे का समय बढ़ा लेते हैं। ऐसी स्थिति

> *बिना किसी योजना के जीवन जीना किसी दूसरे व्यक्ति के साथ टेलीविज़न देखने जैसा है, जिसके हाथ में रिमोट कंट्रोल हो।*
>
> – पीटर टुर्ला

में आप ख़ुद से कहते हैं, 'मैं सुबह 9 बजे से दोपहर 1 बजे तक और दोपहर 2 बजे से शाम को 7 या 8 बजे तक काम करूँगा।'

संक्षिप्त टाइमटेबल बनाना और उसका पालन करना आसान है तथा शुरुआत में अच्छा है। यह व्यावसायिक लक्ष्य हासिल करने का बेहतरीन तरीक़ा है। बहरहाल, इस बात का ध्यान रखें कि संक्षिप्त टाइमटेबल आपको सिर्फ़ एक दिशा में सफलता दिलाता है, जबकि पूर्ण टाइमटेबल जीवन के हर क्षेत्र में सफलता दिलाता है, क्योंकि वह संतुलित और संपूर्ण होता है।

सारा समय–प्रबंधन योजना से शुरू होता है।

– टॉम ग्रीनिंग

11

समय के सर्वश्रेष्ठ उपयोग का ग्यारहवाँ सिद्धांत

कर्म में जुट जाएँ

समय की रेत पर क़दमों के निशान बैठकर नहीं बनाए जा सकते।

— कहावत

बेहतरीन लक्ष्यों और सर्वश्रेष्ठ योजनाओं के बावजूद आप असफल हो सकते हैं, बशर्ते आप उन पर अमल न करें। कर्म ही वह जादुई तत्व है, जो आपको स्थायी सफलता दिलाता है।

इसलिए समय के सर्वश्रेष्ठ उपयोग का ग्यारहवाँ सिद्धांत है : कर्म में जुट जाएँ।

हम सब जानते हैं कि बिना मेहनत किए हम सफल नहीं हो सकते, परंतु आश्चर्यजनक बात यह है कि इसके बावजूद हम मेहनत से जी चुराते हैं, काम को टालते रहते हैं, मूड न होने का बहाना बनाते हैं, समय या संसाधन की कमी का तर्क देते हैं यानी काम करने के अलावा सब कुछ करते हैं। इस संदर्भ में तुलसीदास जी के इस दोहे को याद रखें, 'सकल पदारथ हैं जग माहीं। करमहीन नर पावत नाहीं।' यानी इस संसार में सारी चीज़ें हासिल की जा सकती हैं, लेकिन वे कर्महीन व्यक्ति को नहीं मिलती हैं।

काम से जी चुराने का मूलभूत कारण यह है कि हम स्वभाव से आलसी होते हैं और हमारा मन हमें मनोरंजन या आनंद की आसान तथा आकर्षक राह की तरफ़ खींचता है। हम यह भूल जाते हैं कि सफलता की राह मुश्किलों से भरी होती है, जिस पर चलने का श्रम करने के लिए हमें अपने मन पर क़ाबू पाना होगा, अपनी इच्छाशक्ति को दृढ़ करना होगा और लक्ष्य की तरफ़ लगातार बढ़ना होगा। हम यह भी भूल जाते हैं कि सफल व्यक्ति अपने मूड के दास नहीं, बल्कि उसके स्वामी होते हैं।

इस संबंध में सबसे अच्छी सलाह यह है, 'कोई काम शुरू करते समय अपने मूड से सलाह न लें।' यानी अपने मूड के हिसाब से नहीं, बल्कि अपने लक्ष्य और योजना के अनुसार काम करें। विश्वविख्यात नाटककार जॉर्ज बर्नार्ड शॉ का कई बार लिखने का मूड नहीं होता था। लेकिन मूड हो या नहीं, वे लिखते थे, क्योंकि उन्होंने महान साहित्यकार बनने के अपने लक्ष्य को कभी अपनी नज़रों से ओझल नहीं होने दिया। अपने इस लक्ष्य को प्राप्त करने के लिए उन्होंने संकल्प किया कि वे हर दिन पाँच पेज लिखेंगे, चाहे उनका मूड कैसा भी हो।

अगर आप भविष्य में सफलता की फ़सल काटना चाहते हैं, तो आपको उसके लिए बीज आज बोने होंगे। अगर आप

> *महत्वपूर्ण यह नहीं है कि आप क्या करने जा रहे हैं। इसके बजाय महत्वपूर्ण तो यह है कि आप इस वक़्त क्या कर रहे हैं।*
>
> – नेपोलियन हिल

आज बीज नहीं बोएँगे, तो भविष्य में फ़सल काटने की उम्मीद कैसे कर सकते हैं ? पूरी सृष्टि कर्म और फल के सिद्धांत पर चलती है, इसलिए आपको अपने कर्म के अनुपात में ही फल मिलेंगे।

यदि आप सफलता चाहते हैं, तो कर्म में जुट जाएँ और तब तक जुटे रहें, जब तक कि आप सफल न हो जाएँ। यदि आप समय का सर्वश्रेष्ठ उपयोग करना सीख लेते हैं, तो आगे चलकर समय आपको पुरस्कार में वह वस्तु दे देगा, जिसे आप प्रबलता से चाहते हैं – सम्मान, सफलता, धन, सुख, या जो भी आप चाहते हों।

> *यदि आपको साँप दिखता है, तो उसे मार डालें। साँपों पर कमेटी बैठाने की कोई ज़रूरत नहीं है।*
>
> – हेनरी रॉस पेरॉ

12

समय के सर्वश्रेष्ठ उपयोग का बारहवाँ सिद्धांत

अपनी कार्यक्षमता बढ़ाएँ

> *कुशलता किसी बक्से में चीज़ों को पैक करने की तरह है। अच्छी तरह पैक करने वाला बुरी तरह पैक करने वाले की तुलना में दुगुनी चीज़ें पैक कर सकता है।*
>
> – रिचर्ड सेसिल

यदि आपको टाइपिंग आती है, तो एक काम करें। उस वक़्त को याद करें, जब आपने पहली बार टाइपिंग शुरू की थी। तब आप कितनी तेज़ी से टाइप कर सकते थे ? शायद पाँच शब्द प्रति मिनट। और अब क्या स्थिति है ? शायद तीस शब्द प्रति मिनट। ज़मीन-आसमान का फ़र्क़ है! ऐसा क्यों ? क्योंकि आपने टाइपिंग सीखी, आपने निरंतर अभ्यास किया, आपने शॉर्टकट कीज़ का उपयोग किया, जिसका नतीजा यह हुआ कि आपकी टाइपिंग की गति बढ़ गई। समय के क्षेत्र में भी आपको यही करना है। यहाँ भी आपको अपनी कार्य-क्षमता बढ़ाना है, ताकि आप उतने ही समय में दोगुना काम कर पाएँ।

इसलिए समय के सर्वश्रेष्ठ उपयोग का बारहवाँ सिद्धांत है : अपनी कार्यक्षमता बढ़ाएँ।

अपनी कार्यक्षमता बढ़ाने के लिए आपको अपने चुने हुए क्षेत्र में लगातार सीखना होगा और निरंतर नए-नए उपायों

को आज़माना होगा, जिनका इस्तेमाल करके आप अधिक योग्य, अधिक तेज़ और अधिक सक्षम बन सकें। इसके लिए आपको उस क्षेत्र के महारथियों से सलाह लेना चाहिए या कम से कम उन्हें काम करते देखना चाहिए। आप अपने चुने हुए क्षेत्र में होने वाले सेमिनारों में जाकर या कोई पुस्तक पढ़कर अपना ज्ञान बढ़ा सकते हैं। और सबसे बड़ी बात, आप अपनी कार्यक्षमता बढ़ाने के लिए इंटरनेट के वृहद ज्ञान-भंडार का दोहन कर सकते हैं।

कार्यक्षमता बढ़ाने की पहली शर्त है इच्छा। आपके भीतर इसकी इच्छा होनी चाहिए। ज़्यादातर लोगों को इस काम में बड़ी दिक़्क़त आती है। उनका अहं यह मानने को तैयार ही नहीं होता कि कोई दूसरा उनसे ज़्यादा सक्षम है। उन्हें हमेशा यही लगता है कि वे जितना कर रहे हैं, उससे ज़्यादा हो ही नहीं सकता। वे हमेशा कम सक्षम लोगों से अपनी तुलना करके ख़ुद को श्रेष्ठ साबित करते हैं। कार्यक्षमता बढ़ाने की दूसरी शर्त है ज्ञान। आपको यह ज्ञान होना चाहिए कि क्षमता कैसे बढ़ाई जा सकती है। इस संदर्भ में थोड़ा सोच-विचार करें। उस क्षेत्र के माहिर लोगों से सीखें। पुस्तकें पढ़ें, सेमिनार में जाएँ। जब आपमें अपनी क्षमता बढ़ाने की प्रबल इच्छा होगी और आप इस दिशा में मेहनत करने को तैयार होंगे, तो आपको उपाय अवश्य मिल जाएगा।

ऐसे प्रार्थना करें, जैसे सब कुछ ईश्वर पर निर्भर करता हो। इस तरह काम करें, जैसे सब कुछ आप पर निर्भर करता हो।

– सेंट ऑगस्टिन

इसका एक उदाहरण देखें – एक महिला को दाल, आलू की सब्ज़ी और रोटी बनाने में तीन घंटे का समय लगता है। पहले वह धीमी गति से आलू काटती है, फिर आधा घंटे तक दाल भिगाती है, फिर दाल छौंकती है, फिर आलू की सब्ज़ी बनाती है, फिर आटा गूँधकर उसे बीस मिनट तक नर्म होने देती है, फिर रोटी बनाती है। इसके बाद वह अपना गुणगान करते हुए कहती है कि उसने खाना पकाने में तीन घंटे तक मेहनत की।

यदि वह महिला अपना गुणगान करने के बजाय अपनी क्षमता बढ़ाने पर ध्यान केंद्रित करे, तो उसे यह दिख जाएगा कि समय बचाने के लिए उसे थोड़ी चतुराई का इस्तेमाल करना होगा और काम करने के क्रम को बदलना होगा। उसे सबसे पहले आधा घंटे तक दाल गलाना चाहिए, फिर दाल गलने के दौरान आलू काटकर छोंक देना चाहिए, फिर आटा गूँधकर दूसरे चूल्हे पर दाल बघार देना चाहिए और इसके बाद रोटी बनाना चाहिए। इस तरह उसका सारा काम डेढ़ घंटे या उससे भी कम समय में निबट जाएगा। इसे कहते हैं कार्यकुशलता, उतने ही समय में कई गुना काम करने की क्षमता।

दूसरों से, ख़ास तौर पर अपने से कम सक्षम लोगों से, तुलना करने से कोई फ़ायदा नहीं होता। अगर तुलना ही करनी है, तो अपने से ज़्यादा सक्षम लोगों से करें। इससे भी बेहतर

जीवन दस गियर वाली मोटरसाइकल की तरह है। हममें से ज़्यादातर लोगों के पास ऐसे गियर्स होते हैं, जिनका हम कभी इस्तेमाल ही नहीं करते।

– चार्ल्स शुल्ज़

उपाय यह है कि अपने पिछले प्रदर्शन से तुलना करें। यह सोचें कि अगर कल आपने कोई काम डेढ़ घंटे में किया था, तो आज उसे सवा घंटे में कैसे किया जा सकता है ? बस इतना ध्यान रखें कि काम की गुणवत्ता में कमी नहीं आनी चाहिए। ऐसा न हो कि समय बचाने की हड़बड़ी में काम बिगड़ जाए। आपका लक्ष्य न्यूनतम समय में सर्वश्रेष्ठ कार्य करना होना चाहिए, क्योंकि हर क्षेत्र के सफलतम व्यक्ति इसी तरह कार्य करते हैं।

> *क्या आप ज़िंदगी से प्रेम करते हैं? तो फिर समय बर्बाद न करें, क्योंकि ज़िंदगी इसी से बनी है।*
>
> – बेंजामिन फ्रैंकलिन

13

समय के सर्वश्रेष्ठ उपयोग का तेरहवाँ सिद्धांत

डेडलाइन तय करें

> *अगर आख़िरी मिनट की डेडलाइन नहीं होती, तो बहुत सारी चीज़ें कभी नहीं हो पातीं।*
>
> – माइकल एस. ट्रेलर

डेडलाइन यानी आख़िरी समय-सीमा। डेडलाइन दरअसल पुराने ज़माने में किसी जेल के चारों ओर खिंची उस लाइन को कहा जाता था, जिसके आगे जाने पर क़ैदियों को गोली मार दी जाती थी। आजकल डेडलाइन पार करने पर आपकी जान तो नहीं जाती, अलबत्ता आपकी प्रतिष्ठा और करियर में तरक़्क़ी के अवसर ज़रूर चले जाते हैं। इसलिए डेडलाइन को गंभीरता से लें!

अगर किसी दूसरे की डेडलाइन नहीं है, तो बेहतर यही रहता है कि आप ख़ुद ही अपने कार्यों की डेडलाइन तय करें। यह सोचें कि कोई काम कितने समय में किया जा सकता है, आपातकालीन स्थितियों के लिए थोड़ा मार्जिन रखें और अपनी डेडलाइन यानी काम पूरा करने की आख़िरी तारीख़ तय कर लें। शुरुआत में आपको थोड़ी दिक़्क़त आ सकती है, लेकिन कुछ समय बाद आपको डेडलाइन के भीतर और उससे पहले ही काम पूरा करने की आदत पड़ जाएगी। डेडलाइन तय करना

एक ऐसी लाभकारी आदत है, जिससे आप जीवन के हर क्षेत्र में ज़्यादा तेज़ी से तरक़्क़ी कर सकते हैं।

आख़िर डेडलाइन में ऐसा क्या होता है, जिससे आपकी क्षमता बढ़ जाती है और आप ज़्यादा तेज़ी से काम पूरा कर लेते हैं ? देखिए, पहली बात यह है कि इससे आपको एक स्पष्ट लक्ष्य मिलता है और हम सभी जानते हैं कि स्पष्ट लक्ष्य होने पर हम ज़्यादा तेज़ काम कर सकते हैं। दूसरे, इससे आप एक योजना बनाते हैं और उस पर चलने के लिए ख़ुद को अनुशासित करते हैं। तीसरे, डेडलाइन उस काम पर आपके दिमाग़ को केंद्रित रखती है, जिससे आप उसे समयसीमा में पूरा करने के नए-नए तरीक़े सोच सकते हैं।

आपने ख़ुद अपने जीवन में महसूस किया होगा कि जब आपको डेडलाइन दे दी जाती है कि यह काम अमुक समय तक हो जाना चाहिए, तो आपकी हर इंद्रिय सक्रिय हो जाती है। आपके भीतर एड्रीनलिन का स्राव हो जाता है और आपका आलस भाग जाता है। आप सक्रिय हो जाते हैं और पूरा ध्यान केंद्रित करके काम में जुट जाते हैं। आप जानते हैं कि अगर वह काम समय पर नहीं निबटा, तो आफ़त हो जाएगी, इसलिए आप सुबह थोड़ा जल्दी उठते हैं, पूरी एकाग्रता से काम करते हैं, देर रात तक काम करते हैं, कम सोते हैं, कम समय बर्बाद करते हैं और आख़िरकार उस काम को समय पर पूरा कर देते हैं।

केवल वही युद्ध मूल्यवान होता है, जो इंसान अपने साथ करता है।

– रॉबर्ट ब्राउनिंग

इसे एक उदाहरण से समझें। मान लें, सामान्य स्थिति में आप छह मिनट में एक किलोमीटर दौड़ते हैं। लेकिन अगर कोई ख़ूँख़ार कुत्ता आपका पीछा कर रहा हो, तो आप कितनी तेज़ी से भागेंगे? ज़ाहिर है, आप छह मिनट से बहुत कम समय में एक किलोमीटर की दूरी पूरी कर लेंगे; आपके पीछे ख़ूँख़ार कुत्ता जो है। डेडलाइन को भी ऐसा ही ख़ूँख़ार कुत्ता मानें, जो आपसे ज़्यादा तेज़ी से काम करा लेती है।

इसलिए समय के सर्वश्रेष्ठ उपयोग का तेरहवाँ सिद्धांत है : डेडलाइन तय करें।

मेरा एक मित्र पुस्तकों का संपादन करता है। अगर उसे बिना किसी डेडलाइन के पुस्तक के संपादन की ज़िम्मेदारी सौंपी जाए, तो काम डेढ़ महीने में पूरा होता है, लेकिन अगर उसे सात दिन की डेडलाइन दे दी जाए, तो वह उसे दस दिन में ही पूरा कर देता है। इस उदाहरण से यह स्पष्ट हो जाता है कि महत्वपूर्ण क्षमता नहीं है; महत्वपूर्ण तो डेडलाइन है। दरअसल उसमें वह काम दस दिन में पूरा करने की क्षमता है, लेकिन वह इसे डेढ़ महीने में इसलिए पूरा करता है, क्योंकि कोई डेडलाइन नहीं है। बात क्षमता की नहीं, समर्पण और लगन की है।

बीमा कंपनियाँ डेडलाइन के हथकंडे को बख़ूबी आज़माती हैं। वे विज्ञापन देती हैं कि अमुक बीमा योजना एक महीने

> *अमर होने से उस व्यक्ति को क्या लाभ, जो अपने आधे घंटे का इस्तेमाल भी अच्छी तरह नहीं कर सकता?*
>
> – रैल्फ़ वॉल्डो एमर्सन

बाद बंद हो रही है। अगर इसका लाभ लेना है, तो तत्काल पॉलिसी ले लें। कार कंपनियाँ भी डेडलाइन का महत्व पहचानते हुए विज्ञापन देती हैं कि अमुक तारीख़ से क़ीमतें बढ़ने वाली हैं; अगर अभी कार ख़रीद लोगे, तो फ़ायदे में रहोगे। ग्राहक अपने फ़ायदे को देखते हुए बीमा पॉलिसी या कार ख़रीद लेता है। इस तरह हम देखते हैं कि डेडलाइन सिर्फ़ काम करने का ही नहीं, सामान बेचने का भी अनोखा पैंतरा है। जब आप ग्राहक को बता देते हैं कि अमुक तारीख़ डेडलाइन है, तो वह उस तारीख़ तक निर्णय लेने के लिए मजबूर हो जाता है, वरना आप और मैं दोनों ही जानते हैं कि ग्राहक से निर्णय करवाना आसान नहीं होता। अगर डेडलाइन न दी जाए, तो शायद वह ज़िंदगी भर निर्णय नहीं ले पाएगा।

कुछ लोग यह मानते हैं कि डेडलाइन से काम की गुणवत्ता पर बुरा असर पड़ता है। उनकी बात कुछ हद तक सही है, लेकिन यह तभी सही होती है, जब आख़िरी मिनट पर काम शुरू किया जाए। दूसरी ओर, अगर डेडलाइन के आधार पर पहले से ही योजना बना ली जाए, तो काम की गुणवत्ता में कोई कमी नहीं आएगी। मान लें, कोई सेल्समैन 100 सौदे करने के लिए एक महीने की डेडलाइन बनाता है। अब अगर पच्चीस दिन बर्बाद करने के बाद जाकर उसे होश आता है और वह काम में जुटता है, तो उसे हर दिन 20 सौदे करने होंगे, जो बहुत मुश्किल कार्य है। दूसरी ओर, अगर वह महीने

> *जो सबसे ज़्यादा जानता है, वह बर्बाद समय के लिए सबसे ज़्यादा दुखी होता है।*
>
> – दाँते

के पहले दिन से ही इस काम में जुट जाए, तो उसे हर दिन केवल 3-4 सौदे ही करने होंगे, जो तुलनात्मक रूप से आसान है। तो डेडलाइन के महत्व को पहचानें और उसका उपयोग करके अपनी क्षमता व गति को बढ़ा लें।

> *समय भी धन जैसा होता है; यह हमारे पास जितना कम होता है, हम इसका इस्तेमाल उतनी ही ज़्यादा किफ़ायत से करते हैं।*
>
> – जॉश बिलिंग्स

14

समय के सर्वश्रेष्ठ उपयोग का चौदहवाँ सिद्धांत

समय ख़रीदना सीखें

> *एक इंच सोने से भी एक इंच समय नहीं ख़रीदा जा सकता।*
>
> – चीनी सूक्ति

आपके लिए कौन सी चीज़ ज़्यादा महत्वपूर्ण है : समय या धन ? आप इन दोनों में से किसे बचाने की ज़्यादा कोशिश करते हैं ? आप पैसेंजर ट्रेन से यात्रा करना पसंद करते हैं या सुपरफ़ास्ट ट्रेन से ? देखिए, रिटायर्ड लोग पैसेंजर ट्रेन को ज़्यादा पसंद करते हैं, क्योंकि उसमें किराया कम लगता है। पैसेंजर ट्रेन की यात्रा में समय ज़्यादा लगता है, लेकिन रिटायर्ड लोगों को आम तौर पर समय की कोई कमी महसूस नहीं होती; उनके पास समय ही समय रहता है। दूसरी ओर, व्यस्त लोग सुपरफ़ास्ट ट्रेन से यात्रा करते हैं, क्योंकि उन्हें समय की कमी रहती है और वे बचे हुए समय का सदुपयोग कर सकते हैं। बेहद व्यस्त लोग हवाई जहाज़ से यात्रा करते हैं, क्योंकि उनका समय और भी ज़्यादा क़ीमती होता है। जिस व्यक्ति का समय जितना क़ीमती होता है, वह उसे बचाने के लिए उतने ही ज़्यादा पैसे ख़र्च करने को तैयार रहता है।

यदि आप समय के बजाय पैसे बचाने की ज़्यादा कोशिश

करते हैं, तो इसका मतलब यह है कि आप अपने समय को ज़्यादा महत्व नहीं देते हैं। दूसरी ओर, जो लोग समय को ज़्यादा महत्वपूर्ण मानते हैं, वे समय बचाने की भरसक कोशिश करते हैं; एक तरह से कहा जाए, तो वे समय को ख़रीद लेते हैं। इस अध्याय के प्रारंभ में दी गई चीनी सूक्ति में कहा गया है कि समय को नहीं ख़रीदा जा सकता, लेकिन यक़ीन मानें, आप समय ख़रीद सकते हैं। कंपनियों के मालिक यही तो करते हैं। ज़रा सोचें, कंपनी का कोई मालिक प्रॉडक्ट का उत्पादन नहीं करता, उसका वितरण नहीं करता, उसका प्रबंधन नहीं करता, उसे नहीं बेचता, लेकिन मुनाफ़ा उसी को होता है। कंपनी का मालिक कर्मचारियों को तनख़्वाह देकर उनसे अपना मनचाहा काम करवाता है। दूसरे शब्दों में, कंपनी का मालिक दूसरों का समय ख़रीद लेता है।

यदि आप समय बचाना चाहते हैं, तो आप भी समय के सर्वश्रेष्ठ उपयोग के चौदहवें सिद्धांत का पालन करें : समय ख़रीदना सीखें।

देखिए, खंड 1 में आप यह पता लगा चुके हैं कि आपके एक घंटे का मूल्य कितना है। उस उदाहरण में आपके समय का मूल्य 100 रुपए था। अब इस आधार पर आप समय ख़रीदने का निर्णय ले सकते हैं। एक उदाहरण देखें। आपको बिजली का बिल जमा करना है, जिसके लिए आने-जाने और

> *कहावत है, 'समय ही धन है।' लेकिन अगर आप इसे उलट देते हैं, तो आपको एक मूल्यवान सत्य पता चलता है – 'धन ही समय है।'*
>
> – जॉर्ज रॉबर्ट गिसिंग

लाइन में खड़े होने में डेढ़ घंटे का समय लग सकता है। यदि कोई एजेंट बीस रुपए लेकर यह काम करने को तैयार है, तो आपको क्या करना चाहिए ? आपके लिए डेढ़ घंटे का मूल्य है 150 रुपए, इसलिए अगर कोई वह काम 20 रुपए में करने को तैयार है, तो आपको ख़ुशी-ख़ुशी हाँ कर देना चाहिए, क्योंकि आपका समय इससे बहुत ज़्यादा क़ीमती है। इस तरह पैसे देकर समय ख़रीदना सीखें। यह सिद्धांत बहुत ही महत्वपूर्ण है और सारी बड़ी कंपनियाँ इसका फ़ायदा उठाती हैं। आधुनिक युग की आउटसोर्सिंग की नीति इसी सिद्धांत पर आधारित है। अमेरिकी कंपनियाँ पैसे देकर अपना काम भारतीय कंपनियों से सस्ते में करवाती हैं और अपना क़ीमती समय बचाती हैं।

यह डेलीगेटिंग या काम सौंपने से अलग बात है। डेलीगेटिंग में आप समय बचाने के लिए कम महत्वपूर्ण काम अपने अधीनस्थों को सौंपते हैं, जबकि समय ख़रीदते समय आप कम महत्वपूर्ण काम बाहरी लोगों से करवाते हैं। यदि आपके एक घंटे का मूल्य 100 रुपए है और सामने वाला आपका एक घंटे का काम 10 रुपए में कर रहा है, तो समझदारी इसी में है कि आप उससे वह काम करवा लें, ताकि आप उस बचे हुए समय में ज़्यादा उपयोगी और मूल्यवान काम कर सकें।

उन्नीसवीं सदी के मशहूर प्रकृति-विज्ञानी लुइस अगासी को नियमित रूप से भाषण देने के लिए बुलाया जाता था। एक बार वे कोई महत्वपूर्ण काम कर रहे थे, जिसकी वजह

> *आप इस पृथ्वी के एकमात्र व्यक्ति हैं, जो अपनी योग्यता का इस्तेमाल कर सकते हैं।*
>
> – ज़िग ज़िग्लर

से उनके पास समय नहीं था। ऐसे में जब एक आयोजक ने उन्हें भाषण देने के लिए आमंत्रित किया, तो उन्होंने इंकार कर दिया। आयोजक ने ज़ोर देते हुए कहा कि भाषण के बदले में वह उन्हें पैसे देगा। यह सुनकर अगासी आगबबूला हो गए और बोले, 'पैसे का लालच मुझे नहीं डिगा सकता। मैं पैसे कमाने के लिए अपना समय बर्बाद नहीं कर सकता!'

आत्मनिर्भर लोगों को समय ख़रीदने में बड़ी दिक़्क़त आती है, क्योंकि वे हर काम ख़ुद करना चाहते हैं। कंजूस लोगों को भी इसमें समस्या आती है। वे पैसे बचाने के चक्कर में ख़ुद ही छोटे-छोटे काम करना चाहते हैं, भले ही इस चक्कर में उनके बड़े और ज़्यादा महत्वपूर्ण काम न हो पाएँ। इसका एक रोचक उदाहरण देखें।

क्या आपने कभी सोचा है कि साड़ी की दुकान पर पुरुष मोल-भाव क्यों नहीं करते और महिलाएँ घंटों तक मोल-भाव क्यों करती हैं? वैसे तो इसके कई कारण हैं, लेकिन इसका प्रमुख कारण है समय! अमूमन पुरुषों के पास समय की कमी होती है, जबकि महिलाएँ तुलनात्मक रूप से फ़ुरसत में होती हैं। एक बार फिर वही हिसाब लगा लें। अगर आपके एक घंटे का मूल्य 100 रुपए है और एक घंटे के मोल-भाव के बाद आप दुकानदार से 20 रुपए कम करवाने में कामयाब हो जाते हैं, तो आप दरअसल घाटे में रहते हैं। वास्तव में, आपको 20 रुपए का फ़ायदा नहीं हुआ, बल्कि 80 रुपए का नुक़सान हुआ है।

समय धन से अधिक मूल्यवान है। आप अधिक धन तो पा सकते हैं, लेकिन अधिक समय कभी नहीं पा सकते।

– जिम रॉन

15

समय के सर्वश्रेष्ठ उपयोग का पंद्रहवाँ सिद्धांत

भावी लाभ के लिए वर्तमान में त्याग करें

हमारी दुविधा समय की कमी से ज़्यादा गहरी है; यह मूलतः प्राथमिकताएँ तय करने की समस्या है। हमें इस बात का एहसास होता है कि हमने वे काम नहीं किए, जो हमें करने चाहिए थे और वे कर दिए, जो हमें नहीं करने चाहिए थे।

– चार्ल्स ई. हमेल

समय के मामले में हम सभी के पास विकल्प होता है। हम चाहें, तो इसका दुरुपयोग कर सकते हैं। हम चाहें, तो इसका सदुपयोग कर सकते हैं। हम चाहें, तो वर्तमान पल को मौज-मस्ती में बर्बाद कर सकते हैं। हम चाहें, तो वर्तमान पल को सुनहरे भविष्य की सीढ़ी बना सकते हैं। हम चाहें, तो आलस में आकर न्यूनतम काम करके अधिकतम आराम कर सकते हैं। हम चाहें, तो कर्मठता से अधिकतम काम करके अपने समय का निवेश कर सकते हैं। हर सफल व्यक्ति भावी लाभ के लिए वर्तमान समय का निवेश करता है। जिस तरह कंपनियाँ भावी सफलता के लिए पूँजी का निवेश करती हैं, उसी तरह व्यक्ति भावी सफलता के लिए समय का निवेश करते हैं।

एक विद्यार्थी परीक्षा क़रीब आने पर भी घंटों तक टी.वी. देखता रहता है, दूसरा विद्यार्थी यह सोचता है कि इस समय पढ़ने से परीक्षा में ज़्यादा अच्छे ग्रेड मिलेंगे, इसलिए वह टी.वी. न देखकर पढ़ाई में जुट जाता है। कॉलेज का एक विद्यार्थी क्लास से गोता मारकर लड़कियों से गप्पें लड़ाता रहता है, दूसरा विद्यार्थी क्लास में मन लगाकर पढ़ाई करता है। एक कर्मचारी ऑफ़िस के महत्वपूर्ण प्रोजेक्ट पर काम करने के बजाय गपशप करता है, दूसरा कर्मचारी करियर में तरक़्क़ी को ध्यान में रखते हुए महत्वपूर्ण प्रोजेक्ट को फटाफट पूरा कर देता है। एक सेल्समैन सुबह उठकर टी.वी. देखने लगता है, दूसरा सेल्समैन सुबह उठकर संभावित ग्राहकों से फ़ोन पर अपॉइंटमेंट्स लेता है। अब आप ही बताएँ कि इन उदाहरणों में ज़्यादा अच्छा भविष्य किसका होगा : पहले व्यक्ति का या दूसरे व्यक्ति का ? निर्विवाद रूप से, दूसरे व्यक्ति का भविष्य ज़्यादा अच्छा होगा। कारण स्पष्ट है : हर उदाहरण में पहला व्यक्ति क्षणिक सुख में उलझकर अपना समय बर्बाद कर रहा है, जबकि दूसरा व्यक्ति भावी सफलता के लिए क्षणिक सुख का त्याग कर रहा है।

इसलिए समय के सर्वश्रेष्ठ उपयोग का पंद्रहवाँ सिद्धांत है : भावी लाभ के लिए वर्तमान में त्याग करें।

इसका एक उदाहरण देखें। एक जापानी कंपनी कैलिफ़ोर्निया में योसेमाइट नेशनल पार्क का प्रबंधन सँभालना

जब आप शहद की तलाश में जाते हैं, तो आपको यह उम्मीद रखनी चाहिए कि मधुमक्खियाँ आपको काटेंगी।

— केनेथ कॉन्डा

चाहती थी। अमेरिका वालों ने उस कंपनी से बिज़नेस प्लान पेश करने को कहा। उन्हें उम्मीद थी कि वे एक-दो साल का बिज़नेस प्लान पेश करेंगे, लेकिन जब जापानी कंपनी ने 250 साल का बिज़नेस प्लान पेश किया, तो अमेरिका वालों के होश उड़ गए। अमेरिका के लोग अगली तिमाही या अगले साल के बारे में सोच रहे थे, जबकि जापानी कंपनी दीर्घकालीन भविष्य के बारे में सोच रही थी।

दरअसल, हम सभी के पास एक दिन में 24 घंटे का समय होता है... मुकेश अंबानी के पास भी और छगनलाल के पास भी। अहम सवाल तो यह है कि आप उस समय में क्या करने का विकल्प चुनते हैं। यह इस बात से तय होता है कि आपके लिए क्या महत्वपूर्ण है : क्षणिक सुख या भावी सफलता। किसी बच्चे के लिए खेलना-कूदना महत्वपूर्ण है, इसलिए वह 6 घंटे तक पतंग उड़ाता है और 4 घंटे तक टी.वी. देखता है। दूसरे बच्चे के लिए कक्षा में अव्वल आना महत्वपूर्ण होता है, इसलिए वह 10 घंटे पढ़ता है। इसी तरह, एक सेल्समैन क्षणिक सुख की ख़ातिर टी.वी. पर क्रिकेट मैच देखता रहता है, जबकि दूसरे सेल्समैन के लिए भविष्य का दीर्घकालीन आनंद महत्वपूर्ण होता है, इसलिए वह वर्तमान समय का जमकर दोहन करता है। आपका भविष्य इस बात पर निर्भर करता है कि आप कौन सा विकल्प चुनते हैं : वर्तमान क्षणिक आनंद का या भावी दीर्घकालीन सुख का ?

> *कल के सभी फूल आज के बीजों से ही पैदा होंगे।*
>
> – चीनी कहावत

16

समय के सर्वश्रेष्ठ उपयोग का सोलहवाँ सिद्धांत

निश्चित समय पर काम करें

महान संगीतज्ञ प्रेरित होने के कारण काम करने नहीं बैठता। वह तो काम करते समय ही प्रेरित होता है। बीथोवन, वैगनर, बाख़ और मोज़ार्ट हर दिन उतनी ही नियमितता से काम करने बैठते थे, जितनी नियमितता से कोई अकाउंटेंट हर दिन हिसाब–किताब मिलाने के लिए बैठता है। प्रेरणा का इंतज़ार करने में उन्होंने अपना समय बर्बाद नहीं किया।

– अर्नेस्ट न्यूमैन

हमारे शरीर में एक घड़ी होती है, जिसे बायोलॉजिकल क्लॉक कहा जाता है। जब आप निश्चित समय पर काम करने की आदत डाल लेते हैं, तो आपका शरीर उसी अनुसार ढल जाता है। यदि आप हर दिन दोपहर डेढ़ बजे खाना खाते हैं, तो आपको उस समय अपने आप भूख लगने लगेगी। यदि आप हर दिन रात को दस बजे सोते हैं, तो आपको उस समय अपने आप नींद आने लगेगी। यह बायोलॉजिकल क्लॉक है, जो आपसे निश्चित समय पर निश्चित काम करवा रही है; बस आपको आदत डालकर इसमें चाबी भरनी पड़ती है।

प्रसिद्ध दार्शनिक इमैनुअल कांट समय के बड़े पाबंद थे।

वे हर शाम को साढ़े तीन बजे घूमने जाते थे और इसमें एक मिनट भी इधर से उधर नहीं होता था। उनकी समय की पाबंदी से उनके पड़ोसियों को यह लाभ होता था कि वे इससे अपनी घड़ी मिला सकते थे।

यदि आप निश्चित समय पर निश्चित काम करने की आदत डाल लेते हैं, तो उस समय आपका शरीर और मन दोनों ही उस काम को करने के लिए पूरी तरह तैयार होते हैं। अगर आप सुबह ठीक छह बजे घूमने जाते हैं, तो शरीर इसके लिए पूरी तरह तैयार होता है और आपको इसमें आलस कम आता है। दूसरी ओर, अगर घूमने का कोई निश्चित समय नहीं है, तो आप आसानी से आलस के शिकार हो जाते हैं।

ख़ास तौर पर अप्रिय कामों के लिए यह आदत बड़ी कारगर होती है। अगर आपको पढ़ाई करना है, तो उसका निश्चित समय तय कर लें। अगर आपको सेल्स में कोल्ड कॉल करना है, तो उसके लिए निश्चित समय तय कर लें। अगर आपको व्यायाम करना है, तो उसके लिए निश्चित समय तय कर लें। हर महत्वपूर्ण काम का निश्चित समय तय करने से आप शारीरिक और मानसिक रूप से उस काम के लिए पूरी तरह तैयार रहते हैं।

इसलिए समय के सर्वश्रेष्ठ उपयोग का सोलहवाँ सिद्धांत है : निश्चित समय पर काम करें।

> *प्रतिभाशाली व्यक्ति वह है, जो अनिवार्य बिंदु को लगातार देखता रहता है और बाक़ी सबको अनावश्यक मानकर छोड़ देता है।*
>
> – कार्लायल

निश्चित समय पर महत्वपूर्ण काम करने की आदत डालने के कई फ़ायदे हैं। पहला तो यह कि आपको वह काम करने में आलस नहीं आता है और आप आदतन बिना सोचे-समझे उसे करने में जुट जाते हैं। दूसरे, आदत पड़ने पर आपका शरीर और मन पूरी तरह सक्रिय होकर सहयोग देता है। तीसरे, आपको उसमें आनंद आने लगता है, जिससे काम सरल हो जाता है। चौथे, समय के साथ-साथ आप उस काम को जल्दी या ज़्यादा अच्छी तरह करने के तरीक़े खोज लेते हैं। पाँचवें, जब आप नियमितता से एक निश्चित तंत्र में चलते हैं, तो प्राकृतिक शक्तियाँ भी आपकी मदद करने लगती हैं। पूरा ब्रह्मांड एक निश्चित तंत्र में काम करता है; आपको भी ऐसा ही करना चाहिए।

> *समय बचाने के लिए काम का सही समय चुनें।*
>
> – फ़्रांसिस बेकन

17

समय के सर्वश्रेष्ठ उपयोग का सत्रहवाँ सिद्धांत

समय की बर्बादी के गुरुत्वाकर्षण नियम को जानें

> *आम अमेरिकी कर्मचारी के कामकाज में एक दिन में पचास व्यवधान आते हैं, जिनमें से सत्तर प्रतिशत का उसके काम से कोई संबंध नहीं होता।*
>
> – डब्ल्यू. एडवर्ड्स डेमिंग

यदि आप हवा में छलाँग लगाएँ, तो क्या होगा ? पृथ्वी की गुरुत्वाकर्षण शक्ति के कारण आप नीचे आ जाएँगे। यही समय के मामले में भी होता है। जैसे ही आप कोई महत्वपूर्ण काम शुरू करते हैं, वैसे ही बाधाओं की गुरुत्वाकर्षण शक्ति सक्रिय हो जाती है और आपको नीचे धकेलने लगती है। दूसरे लोग आकर आपके काम में विघ्न डालते हैं। वे आपसे कोई दूसरा काम करने को कहेंगे, कोई आपसे मिलने आ जाएगा, किसी का फ़ोन आ जाएगा, बॉस आपको कोई अत्यावश्यक काम थमा देगा, पत्नी बाज़ार से कोई ज़रूरी सामान मँगाएगी, बच्चे होमवर्क में आपसे मदद माँगेंगे। यह और कुछ नहीं, गुरुत्वाकर्षण का नियम है। जैसे ही आप कोई महत्वपूर्ण काम शुरू करते हैं, रुकावटें सामने आने लगती हैं, अन्य तात्कालिक कार्य हावी होने लगते हैं और परिस्थितियाँ विकट हो जाती हैं। यह और कुछ नहीं, बाधाओं का गुरुत्वाकर्षण है, जो आपको नीचे खींच रहा

है। आपको इस गुरुत्वाकर्षण शक्ति के प्रति सजग रहना चाहिए।

याद रखें, इस दुनिया में दूसरों की तरक़्क़ी देखकर जलने की परंपरा है। इस दुनिया में दूसरों की टाँग खींचने की परंपरा है। इस दुनिया में दूसरों के पर कतरने की परंपरा है। इसलिए आपका ऊपर उठना आपके आस-पास के लोगों को, शायद आपके रिश्तेदारों को भी, पसंद नहीं आएगा और वे उसमें अपनी ओर से बाधा डालने की पूरी-पूरी कोशिश करेंगे। इससे बचने का उपाय बहुत ही सरल है : अपना मुँह बंद रखें। किसी को भी यह न बताएँ कि आप कोई महत्वपूर्ण काम कर रहे हैं, आपने एक नई आदत डाली है या आप कितने ऊपर पहुँचना चाहते हैं। अगर आप डींगें हाँकने या अपनी योजना बताने के प्रलोभन से बच जाएँ, तो आपका इरादा किसी को पता नहीं चल पाएगा और आप बहुत सी अनावश्यक अड़चनों से बच जाएँगे। किसी को यह पता न चलने दें कि आप ऊपर उठने की कोशिश कर रहे हैं, वरना आपको नीचे खींचने में वे अपनी पूरी शक्ति लगा देंगे।

इसलिए समय के सर्वश्रेष्ठ उपयोग का सत्रहवाँ सिद्धांत है : समय की बर्बादी के गुरुत्वाकर्षण नियम को जानें।

देखिए, हर अच्छे काम में बाधाएँ हमेशा आती हैं, इसलिए पहले से ही उनके लिए तैयार रहें और उनसे निबटने की योजना बना लें। अगर आप घर पर कोई महत्वपूर्ण काम कर रहे हैं, तो उसी समय कोई आपसे मिलने चला आएगा, पड़ोसी

मेरी सलाह यह है कि तुम अपने मिनटों का ध्यान रखो; फिर घंटे अपनी परवाह ख़ुद कर लेंगे।

– लॉर्ड चेस्टरफ़ील्ड

का गपशप करने का मूड हो जाएगा, पत्नी या बच्चों को कोई न कोई ऐसा काम याद आ जाएगा, जो आपके बिना नहीं हो सकता। इसके अलावा, आपके मोबाइल फ़ोन पर कोई दोस्त या रिश्तेदार भी आपसे लंबी बातचीत करने के मूड में हो सकता है। बाहरी संसार के आक्रमण के पैंतरों को पहचानना सीखें, ताकि उनकी वजह से आपके महत्वपूर्ण काम पर असर न हो। मिलने-जुलने वालों से निबटने की स्पष्ट नीति अनिवार्य है। विनम्रता लेकिन दृढ़ता से यह कहना सीखें कि आप इस समय महत्वपूर्ण काम कर रहे हैं, इसलिए आप बाद में उनसे बात करेंगे। यही नीति मोबाइल फ़ोन पर भी अपनाएँ। वैसे मोबाइल फ़ोन को तो आप स्विच ऑफ़ भी कर सकते हैं।

इस मामले में मेरा एक मित्र बड़ी ही रोचक नीति अपनाता है। उसके घर में दो दरवाज़े हैं और जब उसे किसी आगंतुक का व्यवधान पसंद नहीं होता, तो वह सामने वाले दरवाज़े पर बाहर से ताला लगा देता है, ताकि आगंतुक ताला देखकर लौट जाए। शायद आपको ताला लगाना पसंद न हो, लेकिन आपको कोई न कोई नीति तो अपनानी ही होगी। आप चाहे जो नीति अपनाएँ, लेकिन लोगों की नीचे खींचने वाली गुरुत्वाकर्षण शक्ति से निबटने के उपाय सोचकर रखें। अपॉइंटमेंट के बिना किसी से न मिलें और अपॉइंटमेंट की अवधि सीमित रखें, जैसे 'हम इस बारे में शाम चार से सवा चार तक बातचीत करते हैं।'

> *जिन लोगों के पास ख़ाली समय होता है, वे हमेशा काम करने वाले लोगों का समय बर्बाद करेंगे।*
>
> **– थॉमस सोवेल**

मशहूर सिविल इंजीनियर ब्रूनेल के ऑफ़िस में केवल एक ही कुर्सी रखी रहती थी, ताकि उन्हें हमेशा याद रहे कि उनके पास बर्बाद करने के लिए समय नहीं है। अगर मिलने वाला किसी महत्वपूर्ण काम के सिलसिले में आता था, तो वे कुर्सी उसे दे देते थे। दूसरी ओर, अगर मिलने वाला किसी महत्वहीन काम के लिए आता था, तो वे कुर्सी पर ख़ुद बैठे रहते थे। ज़ाहिर है, जब ऑफ़िस में एक व्यक्ति बैठा हो और दूसरा खड़ा, तो केवल काम की ही बातें हो सकती हैं; फ़ालतू बातों का माहौल नहीं बन पाता।

समय के मामले में हेनरी फ़ोर्ड भी इतने ही दूरदर्शी थे। जब कामकाज के संबंध में उन्हें कोई समस्या आती थी, तो वे मैनेजरों को अपने चैंबर में बुलाने के बजाय उनके चैंबर में जाकर मिलते थे। इस बारे में उन्होंने कहा था, 'मैंने पाया है कि मैं सामने वाले को अपने ऑफ़िस से उतनी जल्दी नहीं निकाल सकता, जितना उसके ऑफ़िस से ख़ुद को निकाल सकता हूँ।' इन महान लोगों की तरह आपको भी बाधाओं को जल्दी से जल्दी दूर करने की योजना बना लेनी चाहिए, ताकि आप अपने समय का सर्वश्रेष्ठ उपयोग कर सकें।

एक दिन बिस्मार्क एक अँग्रेज़ राजदूत से बातचीत कर रहे थे। कुछ समय बाद राजदूत ने बिस्मार्क से पूछा, 'आप उन आगंतुकों से कैसे निबटते हैं, जो आपका इतना सारा क़ीमती समय बर्बाद कर देते हैं?' बिस्मार्क ने जवाब दिया, 'मेरा एक

समय काटने का मतलब दरअसल यह है कि समय हमें काट रहा है।

– सर ओस्बर्ट सिटवेल

अचूक तरीक़ा है। मुलाक़ात के बीच मेरा नौकर आकर कहता है कि मेरी पत्नी मुझसे कोई ज़रूरी बात करना चाहती है।'

जिस पल बिस्मार्क यह कह रहे थे, उसी समय एक नौकर आया और उसने बिस्मार्क से कहा कि उनकी पत्नी उनसे कोई ज़रूरी बात करना चाहती हैं।

> *क़ानून उस डाकू को कभी नहीं पकड़ता है, जो इंसान की सबसे बेशक़ीमती चीज़ 'समय' को चुराता है।*
>
> – नेपोलियन

18

समय के सर्वश्रेष्ठ उपयोग का अठारहवाँ सिद्धांत

न्यूटन के गति के पहले नियम का लाभ लें

> *आप 10 मिनट में बहुत कुछ कर सकते हैं। ये 10 मिनट अगर चले गए, तो हमेशा के लिए चले जाएँगे। अपने जीवन को 10 मिनट की इकाइयों में बाँट दें और निरर्थक गतिविधियों में न्यूनतम समय बर्बाद करें।*
>
> – इंगवार काम्परेड

सरल भाषा में न्यूटन का गति का पहला नियम कहता है : जो चीज़ जिस अवस्था में है, उसी में बनी रहती है, जब तक कि उस पर बाहरी बल का प्रयोग न किया जाए। यह बहुत ही अद्भुत नियम है। यह वस्तुओं पर ही नहीं, व्यक्तियों पर भी लागू होता है। आप जिस अवस्था में हैं, उसी में रहेंगे, जब तक कि बाहरी बल का प्रयोग न हो। यह बाहरी बल कहाँ से आता है : या तो दूसरों के दबाव से या फिर आपके अनुशासन से, आपकी स्व-प्रेरणा से।

यहीं पर समय के सर्वश्रेष्ठ उपयोग का दूसरा सिद्धांत काम आता है : आर्थिक लक्ष्य बनाएँ। यही आर्थिक लक्ष्य आपको निरंतर प्रेरित करता है, ताकि आप बाहरी बल यानी अनुशासन का प्रयोग करके अपनी अवस्था को बदल लें। आपकी आर्थिक

स्थिति चाहे जैसी हो, आप अनुशासन का प्रयोग करके उसे हमेशा बेहतर बना सकते हैं। जिम रॉन की बात हमेशा याद रखें, 'अनुशासन ही लक्ष्य और सफलता के बीच का पुल है।'

देखिए, सच तो यह है कि अपनी आर्थिक स्थिति को बेहतर बनाने का काम आपको ख़ुद ही करना होगा। दूसरों को क्या पड़ी है, जो वे आपके जीवन को बेहतर बनाने के लिए आप पर दबाव डालें? आदमी घड़ी में चाबी भरता है, तो घड़ी की नहीं, अपनी आवश्यकता के लिए भरता है। दूसरे लोग तो आपकी भलाई के लिए नहीं, बल्कि उनकी ख़ुद की भलाई के लिए आप पर दबाव डालेंगे। वे आपसे अपना काम निकलवाने के लिए आप पर दबाव डालेंगे। इसलिए यह बात अच्छी तरह समझ लें कि अनुशासन में रहने और मेहनत करने की ज़िम्मेदारी आपकी है।

इसलिए समय के सर्वश्रेष्ठ उपयोग का अठारहवाँ सिद्धांत है : न्यूटन के गति के पहले नियम का लाभ लें।

इस नियम का एक अच्छा पहलू भी है। जब आप सफलता की डगर पर चलने लगेंगे, तो आप सफलता की अवस्था में तब तक रहेंगे, जब तक कि बाहरी बल का प्रयोग न हो। जैसा हम पिछले सिद्धांत में देख चुके हैं, बहुत से बल आपकी प्रगति में बाधा डालने की कोशिश करेंगे, लेकिन आप उनसे सतर्क रहेंगे और अपनी गति को बरक़रार रखेंगे।

> *दूरी महत्वपूर्ण नहीं होती; मुश्किल तो सिर्फ़ पहला क़दम होता है।*
>
> – मार्किस डे डेफ़ेन्ड

एक बार ड्यूक ऑफ़ वेलिंगटन ने युवा ब्रिटिश नेता पामर्स्टन को सुबह साढ़े सात बजे का अपॉइंटमेंट दिया। एक मित्र ने पामर्स्टन से पूछा कि वे तो रात को देर तक जागते हैं, फिर वे इतनी सुबह अपॉइंटमेंट के लिए कैसे पहुँचेंगे। पामर्स्टन का जवाब था, 'बहुत आसान है। यह सोने से पहले मेरा आख़िरी काम होगा।' यही है अनुशासन! पामर्स्टन जानते थे कि वह मुलाक़ात महत्वपूर्ण थी, इसलिए उन्होंने देर तक जागने की अपनी आदत को आड़े नहीं आने दिया। उन्होंने अपनी दिनचर्या में थोड़ा फेरबदल करके न्यूटन के गति के पहले नियम का इस्तेमाल किया। आप भी ऐसा ही कर सकते हैं! अनुशासन का इस्तेमाल करके प्रगति की राह पर चल पड़ें और सामने आने वाली हर बाधा को दूर करते जाएँ।

लोग कहते हैं कि समय परिस्थितियों को बदल देता है, लेकिन सच तो यह है कि आपको उन्हें ख़ुद बदलना पड़ता है।

– एंडी वारहोल

19

समय के सर्वश्रेष्ठ उपयोग का उन्नीसवाँ सिद्धांत

यह महत्वपूर्ण नहीं है कि आपने कितने समय काम किया; महत्वपूर्ण तो परिणाम हैं

गति और प्रगति में गफ़लत न करें। बच्चों का आगे–पीछे हिलने वाला घोड़ा गति तो करता है, लेकिन प्रगति नहीं करता।

– अल्फ्रेड ए. मोन्टापर्ट

देखिए, यह बेहद महत्वपूर्ण सिद्धांत है, क्योंकि अक्सर यहीं पर ग़लतफ़हमी का अंदेशा रहता है। कर्मचारी अक्सर महसूस करते हैं कि वे आठ घंटे काम करते हैं, इसलिए उनकी तनख़्वाह बढ़नी चाहिए। दूसरी ओर, कंपनी के मालिक सोचते हैं कि इस आदमी ने 5,000 रुपए का काम किया है और इसे 8,000 रुपए तनख़्वाह पहले से मिल रही है, इसलिए इसकी तनख़्वाह बढ़ाने की ज़रूरत नहीं है, इसके बजाय अगर संभव हो, तो उसकी तनख़्वाह कम कर देनी चाहिए या उसे नौकरी से निकाल देना चाहिए।

इस उदाहरण में हमने क्या देखा : कर्मचारी के लिए महत्वपूर्ण पैमाना यह है कि उसने कितने समय काम किया, जबकि कंपनी के मालिक के लिए महत्वपूर्ण पैमाना यह है

कि उसने कितना मूल्यवान परिणाम दिया। मानसिकता के इस अंतर को कभी न भूलें, क्योंकि आपका क्षेत्र चाहे जो हो, सबसे सफल लोगों का ध्यान हमेशा परिणाम पर केंद्रित होता है। यदि आप पाँच मिनट में ही उन्हें अपेक्षित परिणाम दे देंगे, तो वे आपको पुरस्कार देंगे। लेकिन दूसरी ओर, यदि आप पाँच दिन की मेहनत के बाद भी अपेक्षित परिणाम नहीं दे पाए, तो वे निराश हो जाएँगे। वास्तविक संसार में महत्वपूर्ण यह नहीं होता कि आपने कितने समय काम किया। महत्वपूर्ण तो यह होता है कि उसका परिणाम क्या निकला।

मिसाल के तौर पर, दो सेनाएँ लड़ रही हैं और उनमें से एक हार जाती है। देखने वाली बात यह है कि दोनों ही सेनाएँ समान समय तक लड़ीं, दोनों ने ही जान की बाज़ी लगाई, लेकिन परिणाम दोनों के लिए अलग-अलग रहे। एक का नाम सुनहरे अक्षरों में लिखा गया, जबकि दूसरी को पराजय का कलंक झेलना पड़ा।

एक और उदाहरण देखें। दो महिलाएँ सब्ज़ी बनाने में दो घंटे का समय लगाती हैं : एक की सब्ज़ी लाजवाब बनती है और दूसरी की बिगड़ जाती है। आपको क्या लगता है, उनके पतियों की प्रतिक्रिया क्या होगी ? क्या दूसरी महिला का पति इस बात पर वाह-वाह करेगा कि उसकी पत्नी ने उस घटिया सब्ज़ी को बनाने में दो घंटे तक मेहनत की ? या वह इस

> *हममें से कुछ लोग अपना काम अच्छी तरह करेंगे, कुछ नहीं करेंगे, लेकिन हमारा मूल्यांकन सिर्फ़ एक ही चीज़ के आधार पर होगा – परिणाम।*
>
> – विन्स लॉम्बार्डी

बात पर ताने कसेगा कि कितनी बुरी सब्ज़ी बनाई? जवाब आप ख़ुद जानते हैं।

तो यह बात अच्छी तरह समझ लें कि समय की मात्रा महत्वपूर्ण नहीं होती, महत्वपूर्ण तो परिणाम होता है। कोई बॉस अपने कर्मचारी की इस बात पर प्रशंसा नहीं कर सकता कि उसकी दो महीने की अथक मेहनत के बावजूद कॉन्ट्रैक्ट हाथ से निकल गया। अगर बॉस या पति भला होगा, तो सांत्वना दे सकता है, तसल्ली दे सकता है, लेकिन पुरस्कार नहीं दे सकता।

इसलिए समय के सर्वश्रेष्ठ उपयोग का उन्नीसवाँ सिद्धांत है : यह महत्वपूर्ण नहीं है कि आपने कितने समय काम किया; महत्वपूर्ण तो परिणाम हैं।

देखिए, किसी काम में लगने वाले समय के दृष्टिकोण से सोचते समय आप कोई नई चीज़ नहीं कर रहे हैं। दुनिया भर के करोड़ों कर्मचारी ऐसा ही सोच रहे हैं। अगर उनसे पूछा जाए कि वे कंपनी को क्या दे रहे हैं, तो उनका जवाब यही होगा, '10 से 5 का समय।' दूसरी ओर, यदि आप सफल लोगों से पूछेंगे कि वे कंपनी को क्या दे रहे हैं, तो वे परिणाम बताएँगे, आँकड़े बताएँगे, अपना योगदान बताएँगे। इस संबंध में एक उदाहरण देखें। अगर वर्माजी का मकान 25 साल में बनता है, तो क्या वह 22 साल में बनने वाले ताजमहल से बेहतर कहलाएगा? नहीं, क्योंकि किसी काम का परिणाम ज़्यादा महत्वपूर्ण होता है; यह उतना महत्वपूर्ण नहीं होता है कि उसमें

> *एक पूर्ण सार्थक कार्य पचास आधे–अधूरे कामों से बेहतर है।*
>
> – मैल्कम एस. फ़ोर्ब्स

कितना समय लगा।

इस संदर्भ में एक अपवाद है। लगा हुआ समय तब महत्वपूर्ण होता है, जब परिणाम बेहतरीन हो। उदाहरण देखें। बॉस आपको कोई जटिल काम करने को देता है और उसके लिए आपको सात दिन की डेडलाइन देता है, लेकिन आप उसे दो दिन में ही अच्छी तरह पूरा करके सौंप देते हैं। तब आप बॉस की नज़रों में ज़्यादा ऊपर उठ जाएँगे। आपने उम्मीद से कम समय में बेहतरीन काम कर दिया, इस बात से वह बहुत प्रभावित होगा और यह आदत आपको उस क्षेत्र में बहुत आगे और ऊपर तक ले जाएगी। तीव्रता महत्वपूर्ण है, लेकिन परिणाम उससे ज़्यादा महत्वपूर्ण हैं। और हाँ, जैसा स्टीफ़न कवी ने कहा है, अगर आपको किसी दीवार पर चढ़ना हो, तो ग़लत दीवार से टिकी सीढ़ी पर तेज़ी से न चढ़ें। तेज़ी से काम करने में तभी फ़ायदा होता है, जब सीढ़ी सही दीवार से टिकी हो। यानी यह सुनिश्चित कर लें कि आपकी यात्रा सही दिशा में हो रही है। हमेशा सफल लोगों के नज़रिए से दुनिया को देखें : यह महत्वपूर्ण नहीं है कि आपने कितने समय तक काम किया; महत्वपूर्ण तो परिणाम हैं।

> *लोग यह बात भूल जाते हैं कि आपने कोई काम कितनी तेज़ी से किया – लेकिन वे हमेशा याद रखते हैं कि आपने उसे कितनी अच्छी तरह किया।*
>
> – हॉवर्ड डब्ल्यू. न्यूटन

समय के सर्वश्रेष्ठ उपयोग का बीसवाँ सिद्धांत

तय करें कि कौन सा काम कब करना है

मैंने यह सीखा है कि हम कुछ भी कर सकते हैं, लेकिन हम सब कुछ नहीं कर सकते... कम से कम एक समय में तो नहीं। इसलिए प्राथमिकताओं के बारे में सोचते समय आपका ध्यान इस बात पर केंद्रित नहीं होना चाहिए कि आप कौन से काम करते हैं, बल्कि इस बात पर होना चाहिए कि आप उन्हें कब करते हैं। टाइमिंग ही सबसे महत्वपूर्ण चीज़ है।

– डैन मिलमैन

हमें बहुत सी भूमिकाओं में काम करना होता है। पुरुषों को बेटे, पिता, पति, कर्मचारी, सेल्समैन आदि की भूमिकाएँ निभानी होती हैं और ज़ाहिर है, उनके साथ ज़िम्मेदारियाँ भी जुड़ी होती हैं। पत्नी घर के सामान लाने के लिए आपको बाज़ार भेजना चाहती है, दोस्तों के मोबाइल फ़ोन समय-असमय चले आते हैं, बिन बुलाए रिश्तेदार आ धमकते हैं, अनचाहे सामाजिक समारोहों और दीगर कार्यक्रमों में जाना होता है। देखिए, एक बात अच्छी तरह समझ लें। जीवन कोई फूलों की सेज नहीं है, यह तो कंप्यूटर गेम मारियो की तरह मुश्किल डगर है...

आपको बतख, खाइयों, काँटों और जीव-जंतुओं की बाधाओं से बचते-बचाते हुए अपनी मंज़िल तक पहुँचना है। बाधाओं से भटकना नहीं है, बस मंज़िल को ध्यान में रखकर लगातार चलते रहना है। यही मंज़िल तक पहुँचने का उपाय है।

जिस तरह सभी जूते एक नाप के नहीं होते, उसी तरह सभी काम भी एक समान नहीं होते। कुछ काम महत्वपूर्ण होते हैं, जिनमें ज़्यादा समय और एकाग्रता की ज़रूरत होती है। कुछ काम छोटे होते हैं, जिन्हें आसानी से कभी भी पूरा किया जा सकता है। और कुछ काम ऐसे होते हैं, जिन्हें आप नहीं, कोई भी कर सकता है। यहीं टाइम मैनेजमेंट काम आता है। आप महत्वहीन काम दूसरों से करवा सकते हैं और समय ख़रीद सकते हैं।

हमारी एक रिश्तेदार है, जिसे अपने घर में सब्ज़ियाँ या किराने का सामान रखना पसंद नहीं है। परिणाम यह होता है कि उसके पति को अक्सर बाज़ार जाना पड़ता है। पति कहता है, 'आज तो भजिए खाने का मन हो रहा है।' पत्नी जवाब देती है, 'तो बाज़ार से जाकर बेसन ले आओ।' पति कहता है, 'आज हलुआ बना दो।' पत्नी कहती है, 'जाकर रवा ले आओ।' इस तरह वह महिला अपने पति को लगभग हर दिन कोई न कोई सामान लाने बाज़ार भेज देती है। पति भी इतना भलामानुस है कि बिना उफ़ किए रोज़ चल देता है। अगर

> *सच्ची सफलता पाने के लिए ख़ुद से ये चार सवाल पूछें : क्यों? क्यों नहीं? मैं क्यों नहीं? अभी क्यों नहीं?*
>
> – जेम्स एलन

पति-पत्नी समय के संदर्भ में सजग होते, तो वे योजना बनाकर एक ही दिन में हफ़्ते भर का सामान मँगा लेते, जिससे सात दिन का समय ख़राब नहीं होता। इस तरह के अनेक उदाहरण देखने में आते हैं। इंटरनेट पर ई-मेल चेक करने गए और सर्फ़िंग करने में एक-दो घंटे बर्बाद कर दिए। दरअसल, आपको यह संकल्प कर लेना चाहिए कि आप महत्त्वहीन काम करने में अपना समय बर्बाद नहीं करेंगे और केवल महत्त्वपूर्ण कामों में ही पूरा समय देंगे।

वैसे आप सप्ताह में एक दिन छुटपुट घरेलू कामों के लिए अलग रख सकते हैं। उस दिन योजना बनाकर अपने सभी पेंडिंग काम निबटा लें। अगर कोई काम ऑफ़िस के रास्ते में हो सकता है, तो उसके लिए अलग से समय बर्बाद न करें, बल्कि उसे ऑफ़िस आते-जाते समय निबटा लें। ट्रेन का रिज़र्वेशन करवाना है, तो लंबी लाइन में लगने के बजाय इंटरनेट पर घर बैठे-बैठे ही रिज़र्वेशन करवा लें। इसमें आपको थोड़ा अतिरिक्त पैसा तो देना पड़ेगा, लेकिन आपका समय बच जाएगा। यानी यहाँ भी आप समय के सर्वश्रेष्ठ उपयोग के चौदहवें सिद्धांत का पालन कर रहे हैं और पैसा देकर समय ख़रीद रहे हैं।

यदि किसी से मोबाइल पर बात करनी है, तो उसके लिए शाम का समय चुनें। सुबह का क़ीमती समय फ़ालतू

> *हर काम करने के लिए समय कभी पर्याप्त नहीं होता है, लेकिन सबसे महत्त्वपूर्ण काम को करने के लिए समय हमेशा पर्याप्त होता है।*
>
> – ब्रायन ट्रेसी

कामों में बर्बाद न करें। यही इंटरनेट और ईमेल के बारे में सही है। इन कामों में बहुत एकाग्रता की ज़रूरत नहीं होती और इनमें समय भी बर्बाद होता है, इसलिए इन्हें अपने ख़ाली समय में करें, जब आप बहुत थके हों और अपने दिमाग़ को एकाग्र न कर सकते हों। सुबह-सुबह टी.वी. से भी दूर रहें। सुबह तो अपने सबसे महत्वपूर्ण काम करें, क्योंकि सुबह के कामों से ही आपके पूरे दिन की दिशा तय होती है। अगर आप विद्यार्थी हैं, तो सुबह सबसे मुश्किल विषय पढ़ें, अगर आप सेल्समैन हैं, तो सुबह सेल्स कॉल करें।

इसलिए समय के सर्वश्रेष्ठ उपयोग का बीसवाँ सिद्धांत है : तय करें कि कौन सा काम कब करना है।

देखिए, चाहे आपमें कितना भी अनुशासन हो और आप योजना पर कितनी ही निष्ठा से चलते हों, कई मौक़े ऐसे आते हैं, जब आपका काम करने का मूड नहीं होता। यही वह समय है, जिसमें आपको अपने छुटपुट घरेलू और बाहरी काम निबटा लेना चाहिए। यह टी.वी. के सामने लेटने से तो बेहतर है। इस संदर्भ में एनबीसी के प्रमुख और अमेरिकी प्रोड्यूसर ज़ुकर का उदाहरण याद रखें, जिन्हें आँतों का कैंसर था। वे अपने काम के प्रति इतने समर्पित थे कि एक दिन भी ऑफ़िस से छुट्टी नहीं लेते थे। वे अपनी कीमोथैरेपी शुक्रवार शाम को करवाते थे, ताकि दो दिन की छुट्टियों में आराम करने के बाद वे सोमवार सुबह ऑफ़िस आ सकें। काम करने के लिए आप कौन सा समय चुनते हैं, उसी से सारा फ़र्क़ पड़ता है।

> *मैं घड़ी की नहीं, बल्कि घड़ी मेरी ग़ुलाम है।*
>
> – गोल्डा मायर

21

समय के सर्वश्रेष्ठ उपयोग का इक्कीसवाँ सिद्धांत

सुबह जल्दी उठें

> *सुबह का पहला घंटा पूरे दिन की दिशा तय करता है।*
>
> – हेनरी वार्ड बीचर

'जो जल्दी सोता है, जल्दी उठता है, उसके पास स्वास्थ्य, पैसा और बुद्धि रहती है।' इस कहावत को आज के युग में जितना नज़रअंदाज़ किया गया है, उतना किसी दूसरी कहावत को नहीं किया गया। यह बात मैं अनुभव से जानता हूँ। कभी मैं भी रात को 2-3 बजे सोकर सुबह 8-9 बजे उठता था और अगर आप आधी रात के बाद सोते हैं, तो आप भी मेरी ही श्रेणी में आते हैं। टाइम मैनेजमेंट की दृष्टि से यह बिलकुल ही ग़लत है, क्योंकि सुबह देर से उठने पर आपके पास दूसरे कामों के लिए तो समय रहता है, अपने लिए समय नहीं रहता।

लोग यह तर्क दे सकते हैं (कभी मैं भी देता था) कि सुबह उठना उनके बूते की बात नहीं है, रात की शांति में काम ज़्यादा अच्छी तरह होता है और रात को वे चाहे जितनी देर तक काम कर सकते हैं। लेकिन ये तर्क लचर हैं। सुबह 4 बजे उठने पर भी शांति ही रहती है और उसमें काम

अपेक्षाकृत ज़्यादा अच्छी तरह होता है। मुख्य बात यह है कि उस समय काम की गति भी तेज़ होती है, क्योंकि शरीर और दिमाग़ दोनों ही तरोताज़ा होते हैं। रात को वातावरण में ऑक्सीजन की मात्रा कम हो जाती है, इसलिए आपका दिमाग़ कम चल पाता है और दिमाग़ी काम के लिए रात का समय आदर्श नहीं होता है। आदर्श समय तो सुबह का ही रहता है, जब वातावरण ऑक्सीजन से भरपूर रहता है। यक़ीन न हो, तो सुबह छह बजे और शाम को छह बजे उसी सड़क पर घूमकर देख लें।

एक बात जान लें, समय के सर्वश्रेष्ठ उपयोग में सबसे बड़ी दिक़्क़त दूसरों की तरफ़ से आती है और सुबह यह दिक़्क़त सबसे कम होती है, इसलिए सुबह के एक घंटे में आप जितना काम कर लेते हैं, उतना दोपहर में तीन घंटों में हो पाएगा। सुबह मोबाइल का टेंशन भी नहीं रहता, अख़बार भी देर से आता है, बच्चे भी प्रायः देर से उठते हैं, इसलिए आप पूरी एकाग्रता से काम कर सकते हैं।

आदर्श स्थिति में तो नियम यह है कि सूरज उगने से दो घंटे पहले उठें और सूरज डूबने के दो घंटे बाद सो जाएँ। जब आप सुबह चार बजे उठते हैं, तो आपके पास समय ही समय रहेगा। ऑफ़िस जाने से पहले भी आपके पास चार-पाँच घंटे का समय रहेगा। इस दौरान आप व्यायाम कर सकते हैं, पूरे दिन की योजना बना सकते हैं और अपने महत्वपूर्ण काम

> *सुबह दस बजे तक ख़ुश रहेंगे, तो बाक़ी का दिन अपनी परवाह स्वयं कर लेगा।*
>
> – अल्बर्ट हबार्ड

निबटा सकते हैं। दूसरी ओर, जल्दी सोने की आदत से भी आप बहुत सी समस्याओं से मुक्ति पा लेते हैं। आपको देर रात की पार्टियों से मुक्ति मिल जाती है। इसके अलावा, आपकी जीवनशैली ज़्यादा स्वस्थ हो जाती है।

हमारे पूर्वजों की जीवनशैली ज़्यादा स्वस्थ इसलिए थी, क्योंकि वे प्रकृति के क़रीब थे। वे न सिर्फ़ प्राकृतिक वातावरण में रहते थे, बल्कि प्रकृति की लय में कार्य करते थे। सुबह का वातावरण इतना पवित्र और शांत रहता था कि ऋषि-मुनि ब्रह्म मुहूर्त में भजन-पूजन करते थे। वे मुर्गे की बाँग के साथ उठते थे और चाँद निकलने पर सो जाते थे। इस तरह वे अपने शरीर को प्रकृति के सामंजस्य में रख रहे थे। आज आधुनिकता की होड़ में कृत्रिमता का माहौल इतना बढ़ चुका है कि प्रकृति से मनुष्य का सारा संपर्क ही टूट चुका है। रात को देर तक जागने से मनुष्य की प्राकृतिक लय ख़त्म हो जाती है और वह सुबह देर से उठता है। नतीजा यह होता है कि उसका हाज़मा ख़राब होता है, क़ब्ज़ की शिकायत रहती है, ताज़गी और स्फूर्ति का अभाव होता है और दिन भर उसके शरीर में आलस भरा रहता है।

इसलिए समय के सर्वश्रेष्ठ उपयोग का इक्कीसवाँ सिद्धांत है : सुबह जल्दी उठें।

> *यदि आपका पड़ोसी जल्दी उठता है, तो आप उससे भी ज़्यादा जल्दी उठें।*
>
> – द माफ़िया मैनेजर

22

समय के सर्वश्रेष्ठ उपयोग का बाईसवाँ सिद्धांत

एक घंटा व्यायाम करें

जो लोग सोचते हैं कि उनके पास शरीर के व्यायाम के लिए समय नहीं है, उन्हें देर–सबेर बीमारी के लिए समय निकालना पड़ेगा।

– एडवर्ड स्टेनले

इंसान सोचता तो यह है कि वह अपने लिए जी रहा है, लेकिन वह जिस तरह समय ख़र्च करता है, उससे यह लगता ही नहीं है कि वह अपने लिए जी रहा है। अक्सर वह ऐसी नौकरी करता है, जिसमें उसे मज़ा नहीं आता है। अक्सर वह ऐसा खाना खाता है, जो उसकी पत्नी या बच्चों की पसंद के हिसाब से बनता है। जब वह थका–माँदा घर लौटता है, तो उसे टी.वी. पर भी दूसरों की पसंद के कार्यक्रम देखने पड़ते हैं। यानी वह अपने लिए तो समय निकाल ही नहीं पाता।

आपको हर दिन एक घंटा ख़ुद के लिए निकालना चाहिए। तेईस घंटे दूसरों के लिए, एक घंटा अपने लिए। और इस एक घंटे में आपको अपने शरीर की देखभाल करनी चाहिए। अपने स्वास्थ्य और सौंदर्य की देखभाल करने के लिए एक घंटे का समय ज़्यादा नहीं है। आख़िर शरीर की बदौलत ही तो आप अपने सारे काम कर रहे हैं। अगर यही स्वस्थ न रहे, तो आप इस सुंदर संसार का आनंद कैसे ले पाएँगे? यही तो

वह मुर्गी है, जो रोज़ आपको सोने के अंडे देती है और आप हैं कि इसी का पेट चीरने पर आमादा हैं। आप सुबह से शाम तक स्वादिष्ट (और अस्वास्थ्यकर) चीज़ें खाते रहते हैं, जिनकी शरीर को ज़रूरत नहीं होती और जिस व्यायाम की इसे ज़रूरत होती है, उसे आप कभी नहीं करते हैं। अब आप ही बताएँ कि यह शरीर के साथ अन्याय नहीं, तो और क्या है ?

ध्यान रखें, यदि आपने अपने शरीर का ध्यान रखने के लिए समय नहीं निकाला, तो आपका बाक़ी समय (और जीवन) भी ख़तरे में पड़ जाएगा। इसीलिए इस सिद्धांत को इस पुस्तक में शामिल किया गया है। आप सोच रहे होंगे कि समय बचाने वाली पुस्तक में समय ख़र्च करने की सलाह क्यों दी जा रही है। इसलिए, क्योंकि इस एक घंटे का असर आपके बाक़ी तेईस घंटों पर पड़ेगा। व्यायाम तो एक निवेश है, जिसका आपको समय-प्रबंधन के संदर्भ में कई गुना फल मिलेगा।

इस एक घंटे में आपको अपने शरीर की देखभाल करनी है। टहलना है, व्यायाम करना है, योगा क्लास या जिम जाना है, अपने शरीर की मालिश करनी है, यानी कुल मिलाकर शरीर के स्वास्थ्य पर ध्यान देना है। समय-प्रबंधन के क्षेत्र में व्यायाम के कई लाभ हैं : एक तो इससे आपका स्वास्थ्य अच्छा रहता है, जिससे बीमारी के कारण आपका क़ीमती समय नष्ट नहीं होता। दूसरे, इससे आपके शरीर के साथ-साथ दिमाग़ में भी स्फूर्ति और चुस्ती आ जाती है। तीसरे, आपका आलस दूर हो

> *जो दुनिया को हिलाना चाहता है, सबसे पहले उसे ख़ुद हिलना चाहिए।*
>
> – सुकरात

जाता है और आप अपने महत्वपूर्ण कार्य पूरे जोश से करने में जुट जाते हैं। व्यायाम से आपका शरीर गठीला रहेगा और आपका हुलिया अच्छा दिखेगा। यदि आप सेल्समैन हैं, तो अच्छा हुलिया बहुत महत्वपूर्ण है, क्योंकि आकर्षक और शारीरिक दृष्टि से फ़िट सेल्समैन से लोग ज़्यादा प्रभावित होते हैं।

इसलिए समय के सर्वश्रेष्ठ उपयोग का इक्कीसवाँ सिद्धांत है : एक घंटा व्यायाम करें।

बस एक बात का ध्यान रखें। व्यायाम सही तरह से करें। अक्सर लोग कहते हैं, 'मैं आज आधा घंटा पैदल चला।' लेकिन ज़रा ठहरें, समय के सर्वश्रेष्ठ उपयोग के उन्नीसवें सिद्धांत को याद करें : यह महत्वपूर्ण नहीं है कि आपने कितने समय काम किया; महत्वपूर्ण तो परिणाम हैं। महत्वपूर्ण तो यह है कि उस आधा घंटे में आप कितने किलोमीटर पैदल चले और कितनी तेज़ी से चले। यदि आप पैदल चलकर व्यायाम कर रहे हैं, तो इसके लिए आपको दूरी और समय का सही मिश्रण करना होगा। आदर्श घूमना होता है पचास मिनट में पाँच किलोमीटर। वैसे बेहतर यही रहेगा कि आप अपना व्यायाम केवल पैदल चलने तक ही सीमित न रखें। जॉगिंग करें, योगा करें, वेटलिफ़्टिंग करें, ताकि व्यायामों की विविधता रहे। तीस मिनट में तीन किलोमीटर पैदल चलें और तीस मिनट में बाक़ी व्यायाम करें। पैदल चलने के लिए सही समय सूर्योदय के पहले रहता है, क्योंकि उस समय वातावरण में प्रदूषण नहीं होता है और ताज़ा ऑक्सीजन आपके फेफड़ों और दिमाग़ में पहुँचकर आपको ताज़गी से भर देती है।

> ***छत की मरम्मत करने का समय तब होता है, जब सूरज चमक रहा हो।***
>
> **– जॉन एफ़. केनेडी**

23

समय के सर्वश्रेष्ठ उपयोग का तेईसवाँ सिद्धांत

टी.वी. के संदर्भ में सावधान रहें

> *इससे ज़्यादा निरर्थक कुछ नहीं है कि आप वह काम कुशलता से करें, जिसे किया ही नहीं जाना चाहिए।*
>
> – पीटर ड्रकर

टी.वी. के कारण आज जितना समय बर्बाद हो रहा है, उतना इतिहास में कभी किसी दूसरी वजह से नहीं हुआ – वैसे फ़ेसबुक भी बहुत तेज़ी से इस श्रेणी में आता जा रहा है। टी.वी. के कई दुष्प्रभाव होते हैं, लेकिन हम यहाँ पर केवल समय की बर्बादी के बारे में बात करेंगे। एक सर्वे में यह पाया गया कि लोग हर सप्ताह लगभग 17 घंटे टी.वी. देखते हैं यानी लगभग ढाई घंटे प्रति दिन। इसका मतलब है कि लोग हर दिन अपने पास उपलब्ध सक्रिय समय का 20 प्रतिशत हिस्सा टी.वी. देखने में गँवा रहे हैं।

ज़रा ग़ौर से सोचें, अगर आपने टी.वी. नहीं देखा, तो क्या आफ़त आ जाएगी? अक्सर होता यह है कि हम यह सोचकर टी.वी. देखने बैठते हैं कि बस आधा घंटे देखूँगा। आधा घंटे बाद दूसरे चैनल पर कोई अच्छा कार्यक्रम दिख जाता है और इस तरह कब दो घंटे हो जाते हैं, पता ही नहीं चलता। इस चक्कर में आपके बहुत से ज़रूरी काम अधूरे रह जाते हैं। टी.वी. के बहुत से समर्थक इसके शैक्षिक महत्व

का दावा करते हैं, लेकिन मुझे तो आज तक ऐसा कोई व्यक्ति नहीं मिला, जो सिर्फ़ शैक्षिक महत्व के लिए टी.वी. देखता हो। अगर शिक्षा ही ग्रहण करनी है, तो टी.वी. से बेहतर विकल्प मौजूद हैं : पुस्तकें पढ़ें या इंटरनेट से जानकारी लें। वैसे यदि आप टी. वी. पर केवल ज्ञानवर्धक कार्यक्रम ही देखते हैं, तो यह अध्याय आपके लिए नहीं है।मेरे एक परिचित हैं, जिनके यहाँ टी.वी. सुबह से रात तक चलता रहता है। सुबह वे ख़ुद न्यूज़ देखते हैं, बीच-बीच में बच्चे स्कूल जाने से पहले कार्टून देख लेते हैं, दोपहर में पत्नी के सीरियल्स और गाने चलते हैं, शाम को वे ख़ुद घर लौटकर न्यूज़ और सीरियल्स देखते हैं, बीच-बीच में बच्चों के कार्टून चलते रहते हैं। यानी पूरा दिन टी.वी. के प्रति ही समर्पित होता है। टी.वी. उनके परिवार का एक स्थायी और सबसे महत्वपूर्ण सदस्य बन चुका है। और तो और, वे खाना भी टी.वी. देखते हुए ही खाते हैं, जिससे न तो उन्हें खाने का स्वाद आता है, न ही उन्हें यह अंदाज़ा रहता है कि वे कितना खा गए। नतीजा यह होता है कि वे ज़रूरत से ज़्यादा खा जाते हैं और दिनोदिन मोटे होते जाते हैं।

बच्चे कितनी देर तक टी.वी. देखते हैं, इसका हिसाब लगाना मुश्किल होता है। इसका एक उदाहरण देखें। चौथे ग्रेड की क्लास में एक सर्वे किया गया कि विद्यार्थी कितने घंटे टी. वी. देखते हैं। तब उस क्लास में अमेरिकी संगीतकार रॉब जॉम्बी भी पढ़ते थे। रॉब के शिक्षकों के होश उड़ गए, जब

> *बर्बाद समय का अर्थ है बर्बाद जीवन।*
>
> – आर. शैनॉन

उन्हें यह पता चला कि रॉब एक दिन में नौ घंटे टी.वी. देखता है। उन्होंने रॉब से पूछा कि रात को देर तक जागे बिना वह इतने समय टी.वी. कैसे देख लेता है। उसका जवाब था, 'मैं सुबह जल्दी उठ जाता हूँ और कई बार तो मुझे कृषि संबंधी कार्यक्रम देखने पड़ते हैं, क्योंकि इतनी सुबह वही कार्यक्रम आते हैं।' इस प्रसंग को कई साल हो चुके हैं। अब तो चौबीसों घंटे मनपसंद कार्यक्रम चलते रहते हैं और अपने मन पर क़ाबू रखने के लिए काफ़ी अनुशासन की ज़रूरत होती है।

यदि आप अपने समय का सर्वश्रेष्ठ उपयोग करना चाहते हैं, तो टी. वी. के संदर्भ में सावधान रहें।

अख़बार टी.वी. की तुलना में जानकारी का बेहतर साधन है। अख़बार हमें पूरे संसार की जानकारी देता है और हमारा ज्ञान बढ़ाता है, लेकिन इसके दूसरे पहलू पर भी नज़र डालकर देख लें : अगर सचिन तेंदुलकर ने अपने क्रिकेट करियर का 100वाँ शतक बना दिया, तो उसके विस्तृत विवरण पढ़ने से क्या लाभ है, जब तक कि आपकी क्रिकेट में रुचि न हो? कैटरीना कैफ़ या सलमान खान के प्रेम प्रसंगों के बारे में पढ़ने से आपको क्षणिक आनंद के सिवा क्या मिल रहा है? अख़बार में पढ़ने के लिए चटपटी या मसालेदार ख़बरों के बजाय केवल सकारात्मक और ज्ञानवर्धक ख़बरें ही चुनें, क्योंकि इस तरह आपका बहुत सा समय बच सकता है।

महत्वपूर्ण सिद्धांत यह है कि अपने काम से काम रखें

> *आपका टी.वी. उत्कृष्ट सेवक, लेकिन भयंकर मालिक है। चुनाव आपका है।*
>
> – ब्रायन ट्रेसी

और दीगर बातों को नज़रअंदाज़ कर दें। ...और यह बात टी.वी. और अख़बार के संदर्भ में ही नहीं, हर चीज़ पर लागू होती है। ब्रिटिश गायक क्रैग डेविड जैसे न बनें, जो हर दिन अपनी दाढ़ी सँवारने में 40 मिनट बर्बाद कर देते थे। अगर आप इस सिद्धांत पर अमल करते हैं, तो आप कम से कम आधे घंटे का समय बचा लेंगे, जिसमें आप अपने महत्वपूर्ण काम निबटा सकते हैं।

इस तरह सीखें, जैसे आप हमेशा ज़िंदा रहेंगे; इस तरह जिएँ जैसे आप कल ही मरने वाले हों।

– अज्ञात

समय के सर्वश्रेष्ठ उपयोग का चौबीसवाँ सिद्धांत

मोबाइल का न्यूनतम उपयोग करें

> *गुमशुदा : कल, सूर्योदय और सूर्यास्त के बीच के दो सुनहरे घंटे, जिनमें हीरे के साठ मिनट जड़े थे। खोजने वाले को कोई इनाम नहीं दिया जाएगा, क्योंकि वे हमेशा–हमेशा के लिए चले गए हैं।*
>
> – होरेस मैन

ज़रा सोचें, मोबाइल से हम आजकल कितने सारे काम करते हैं! हम उस पर बातें करते हैं, गाने सुनते हैं, फ़िल्में देखते हैं... और तो और, गेम खेलते हैं, चैटिंग करते हैं, फ़ेसबुक पर जाते हैं, नेट सर्फ़िंग करते हैं, इंटरनेट बैंकिंग करते हैं, फ़ोटो खींचते हैं, वीडियो बनाते और देखते हैं। एक छोटे से मोबाइल की बदौलत आज दुनिया सचमुच हमारी मुट्ठी में आ चुकी है।

लेकिन ज़रा ठहरें! ज़रा सोचें कि कुछ साल पहले जब मोबाइल नहीं थे, तब भी हमारा जीवन अच्छी तरह चल रहा था। यह भी विचार करें कि मोबाइल युग में क़दम रखने के बाद हमारा कितना सारा क़ीमती समय निरर्थक चीज़ों में बर्बाद हो जाता है। आज के युवा मोबाइल पर गाने सुनने, चैटिंग करने और बातचीत करने में इतने खोए रहते हैं कि उनके

पास कुछ सोचने की फ़ुरसत ही नहीं रह गई है। जहाँ समय ख़ाली मिला, मोबाइल चालू हो जाता है। और तो और, क्लासरूम में भी विद्यार्थी मोबाइल पर मैसेज भेजते रहते हैं। वे यह नहीं जानते कि मोबाइल फ़ोन स्वास्थ्य के लिए ख़तरनाक होते हैं।

अधिकांश मोबाइल फ़ोन्स में से घातक इलेक्ट्रो-मैग्नेटिक रेडिएशन निकलता है, जिससे कई प्रकार के ख़तरे उत्पन्न हो जाते हैं। अत्यधिक रेडिएशन की वजह से ब्रेन ट्यूमर, नपुंसकता, कैंसर, गर्भपात, क्षतिग्रस्त डीएनए की विकृति जैसी कई ख़तरनाक बीमारियाँ हो सकती हैं। इसलिए आप मोबाइल का जितना कम उपयोग करें, उतना ही आपके स्वास्थ्य के लिए अच्छा है। लेकिन मोबाइल की महामारी दिन दूनी रात चौगुनी गति से बढ़ती जा रही है। एक अध्ययन से पता चला है कि अमेरिका के लोग लगभग 3 घंटे का समय अपने मोबाइल इंटरनेट पर बिताते हैं, जिसका दो-तिहाई हिस्सा इंस्टेंट मैसेजिंग में इस्तेमाल होता है।

मोबाइल हमारे समय के सबसे बड़े शत्रुओं में से एक है, क्योंकि यह हमें महत्वहीन कामों में उलझा देता है और महत्वपूर्ण काम करने से रोकता है। मेरी एक परिचित विद्यार्थी है, जिसके माता-पिता ने उसे आईआईटी की परीक्षा में बैठने के लिए प्रेरित किया, कोचिंग की भारी-भरकम फ़ीस भरी, लेकिन वह लड़की पढ़ाई करने के बजाय कमरा बंद करके मोबाइल पर चैटिंग करती रही। नतीजा वही हुआ, जो तय था : वह परीक्षा में पास नहीं हो पाई।

इसलिए समय के सर्वश्रेष्ठ उपयोग का चौबीसवाँ सिद्धांत है : मोबाइल का न्यूनतम उपयोग करें।

मोबाइल से दोतरफ़ा समय बर्बाद होता है : या तो हम

ख़ुद ही अपना समय बर्बाद करते हैं या फिर इसके माध्यम से दूसरे हमारा समय बर्बाद करते हैं। जब भी किसी का मन होता है, वह हमारे मोबाइल की घंटी बजा देता है। हम कोई महत्वपूर्ण काम कर रहे होते हैं कि बीच में ही कोई फ़ोन आ जाता है, जिससे काम का पूरा जोश ठंडा पड़ जाता है। मोबाइल के कारण हम रात को भी चैन से नहीं सो पाते हैं। आधी रात को कोई मैसेज या फ़ोन आकर हमारी नींद ख़राब कर देता है। देखिए, इंटरनेट से भी हमारा समय बर्बाद होता है, लेकिन उसके ईमेल हमारी नींद ख़राब नहीं करते हैं। ईमेल हम अपनी इच्छा से चेक करते हैं, जबकि मोबाइल पर हमें हमेशा मौजूद रहना पड़ता है।

मोबाइल पर समय की बर्बादी को देखते हुए कुछ लोग दो मोबाइल नंबर रखते हैं : एक सबके लिए और दूसरा कुछ ख़ास लोगों के लिए। वे अपना सार्वजनिक मोबाइल नंबर शाम को बंद कर देते हैं, ताकि कोई अनावश्यक रूप से उन्हें परेशान न करे। कोई महत्वपूर्ण कॉल छूट न जाए, इसके लिए वे हर दो-तीन घंटे बाद फ़ोन चालू करके मिस्ड कॉल चेक कर लेते हैं। कई लोग अपने सेलफ़ोन को साइलेंट मोड पर रखते हैं और मिस्ड कॉल देखकर अपनी सुविधा से बात करते हैं। मीटिंग में सेलफ़ोन बंद कर दें, क्योंकि किसी महत्वपूर्ण चर्चा के बीच में मोबाइल की घंटी बजने से न सिर्फ़ आपकी, बल्कि बाक़ी लोगों की भी एकाग्रता भंग होती है। मोबाइल आधुनिक युग

आप एक चीज़ को रिसाइकल नहीं कर सकते, और वह है बर्बाद समय।

— अज्ञात

की वह देन है, जिसका फंदा आपके समय के गले में दिनोदिन कसता ही जा रहा है और यदि आपने इसका कोई इलाज नहीं किया, तो यह आपके ज़्यादातर समय का सत्यानाश कर देगा। इसलिए मोबाइल का न्यूनतम उपयोग करें और उससे बचने वाले समय का अधिकतम सदुपयोग करें।

> *मित्र आपके समय पर डाका डालते हैं।*
>
> – फ़्रांसिस बेकन

समय के सर्वश्रेष्ठ उपयोग का पच्चीसवाँ सिद्धांत

इंटरनेट पर समय बर्बाद न करें

> *सफलता और असफलता के बीच की बड़ी विभाजक रेखा सिर्फ़ पाँच शब्दों में बताई जा सकती है : मेरे पास समय नहीं था।*
>
> – फ़्रैंकलिन फ़ील्ड

ज़्यादातर लोग इंटरनेट को वरदान मानते हैं, लेकिन ज़रा ठहरें, इंटरनेट अभिशाप भी साबित हो सकता है। देखिए, हर अच्छी चीज़ की तरह ही इंटरनेट का भी दुरुपयोग हो सकता है और होता है। यक़ीन न हो, तो उन माता-पिता से पूछ लें, जिनके बच्चे इंटरनेट पर घंटों तक ऑनलाइन गेम्स खेलते हैं या उन युवाओं से पूछ लें, जो घंटों तक कंप्यूटर पर अनावश्यक सर्फ़िंग करते रहते हैं। इसमें इंटरनेट का कोई दोष नहीं है। इंटरनेट पर तो हर प्रकार की जानकारी उपलब्ध है और यह आप पर है कि आप उसका कैसा उपयोग करते हैं। अगर आप अकारण ही पंद्रह मिनट से ज़्यादा इंटरनेट का उपयोग करते हैं, तो आपको इस बारे में सजग हो जाना चाहिए।

यदि आप समय बचाने का इरादा रखते हैं, तो इंटरनेट के ख़तरे से सावधान रहें। इसमें सर्फ़िंग सबसे प्रमुख जोखिम है। होता यह है कि आप इंटरनेट पर किसी काम से जाते हैं,

तभी आपको कोई आकर्षक साइट दिख जाती है, कोई विज्ञापन दिख जाता है और आप उस पर क्लिक करके दूसरी ही दुनिया में पहुँच जाते हैं। समय की बर्बादी का एक और कारण यह है कि जब आप कोई जानकारी सर्च इंजन में खोजते हैं, तो आप सही तरीक़े से शब्दों का चयन नहीं करते हैं। नतीजा यह होता है कि लाखों परिणाम आपकी स्क्रीन पर आ जाते हैं और सही जानकारी पाने में आपको बहुत समय लग जाता है। यदि आपको जानकारी खोजने का सही तरीक़ा मालूम हो और आप सर्च इंजन में सही कीवर्ड्स डालें, तो आपकी मनचाही जानकारी पलक झपकते ही मिल सकती है।

इसलिए समय के सर्वश्रेष्ठ उपयोग का पच्चीसवाँ सिद्धांत है : इंटरनेट पर समय बर्बाद न करें।

और हाँ, इंटरनेट पर अगर आप ज़्यादा काम करते हैं, तो आपको ब्रॉडबैंड कनेक्शन पर काम करना चाहिए, जिसकी गति तेज़ होती है। सामान्य नेटवर्क कनेक्शन काफ़ी धीमा होता है, जिसमें आपका ज़्यादा समय बर्बाद होता है। इसके अलावा, अपने कंप्यूटर की रैम भी बढ़वा लें, ताकि कंप्यूटर तेज़ गति से चले और डाउनलोडिंग स्पीड तेज़ रहे। कंप्यूटर की धीमी गति से आपका कितना समय बर्बाद होता है, इसका आभास आपको नहीं हो पाता है, लेकिन अगर आप एक घंटे से ज़्यादा समय तक कंप्यूटर का उपयोग करते हैं, तो बेहतर है कि

हर इंसान दिन में कम से कम पाँच मिनट तक निरा मूर्ख होता है। समझदारी इसी में है कि हम इस अवधि को बढ़ने न दें।

— अल्बर्ट हबार्ड

आप अपने कंप्यूटर की गति पर भी ध्यान दें।

आईडीसी के एक रिसर्च में यह तथ्य सामने आया कि लोग, ख़ास तौर पर युवा, हर सप्ताह 33 घंटे इंटरनेट पर बिताते हैं। यानी लगभग 5 घंटे प्रतिदिन। समय का सबसे ज़्यादा उपयोग या दुरुपयोग फ़ेसबुक में होता है, जिसमें कई युवा 20 घंटे प्रति सप्ताह तक लगाते हैं। इसके बाद यूट्यूब, पोर्न साइट्स, सर्च एंजन और ईमेल में सबसे ज़्यादा समय लगता है। यानी इंटरनेट का जितना भी उपयोग किया जाता है, उसमें से ज़्यादातर समय अनुपयोगी कार्यों में बर्बाद होता है। यदि आप सिर्फ़ ईमेल चेक करने के लिए इंटरनेट पर जा रहे हैं, तो आपको इसके लिए समय बर्बाद करने का जोखिम नहीं लेना चाहिए, क्योंकि यह काम तो आउटलुक एक्सप्रेस या माइक्रोसॉफ़्ट आउटलुक से भी किया जा सकता है।

बेहतर यही है कि आप सबसे पहले तो यह तय करें कि आप इंटरनेट पर क्यों जाना चाहते हैं और फिर उसी साइट पर वह आवश्यक जानकारी लेकर इंटरनेट बंद कर दें। इंटरनेट के दुरुपयोग से बचने का एक और अच्छा उपाय यह है कि आप ऐसे समय उसका उपयोग करें, जिसके बाद आपको कोई अत्यावश्यक काम करना हो। इससे उसके दुरुपयोग का झंझट ही नहीं रहेगा। ख़ास तौर पर रात के समय इंटरनेट का दुरुपयोग सबसे ज़्यादा होता है और इसकी सीधी सी वजह यह है कि उस वक़्त आपके पास ख़ाली समय रहता है। यदि आप रात

> *अगर आप पूर्व दिशा में जाना चाहते हैं, तो पश्चिम की तरफ़ न जाएँ।*
>
> – रामकृष्ण परमहंस

को जल्दी सो जाएँगे, तो इंटरनेट के अलावा भी बहुत सारे फ़ालतू कामों से बच जाएँगे, इसलिए सुबह जल्दी उठने की आदत डालें और इंटरनेट पर होने वाली समय की बर्बादी के बारे में जागरूक रहें।

> *जब तक आप ख़ुद को मूल्यवान नहीं मानते हैं, तब तक आप अपने समय को भी मूल्यवान नहीं मानेंगे। जब तक आप अपने समय को मूल्यवान नहीं मानेंगे, तब तक आप इसके बारे में कुछ करेंगे भी नहीं।*
>
> – एम. स्कॉट पेक

26

समय के सर्वश्रेष्ठ उपयोग का छब्बीसवाँ सिद्धांत

आलस से बचें

> *आलस वह मृत सागर है, जो सभी सद्‌गुणों को लील लेता है।*
>
> — बेंजामिन फ्रैंकलिन

समय बचाने के लिए आपको आलस से बचना चाहिए। जब भी सामने कोई मुश्किल काम आता है, तो हम आलस करने लगते हैं और उसे टाल देते हैं। लेकिन टालमटोल करने (जिसके बारे में हमने अगले अध्याय में विस्तार से बात की है) के अलावा भी आलस के कई कारण होते हैं। आलस का एक अहम कारण वह है, जिसे अधिकांश लोग अनदेखा कर देते हैं : ज़रूरत से ज़्यादा भोजन करना।

जब आप आवश्यकता से अधिक भोजन करते हैं या ज़्यादा तला-भुना भोजन करता है, तो आपकी ऊर्जा में कमी आ जाती है और आपकी एकाग्रता में बाधा आती है। आलस में आप ज़्यादा ग़लतियाँ करते हैं और टालमटोल करने या जैसे-तैसे काम निबटाने के चक्कर में रहते हैं। इससे आपके काम की गुणवत्ता पर बुरा असर पड़ता है। यदि आप शरलॉक होम्स के दीवाने हैं, तो आपको यह बात जल्दी समझ में आ जाएगी, क्योंकि जब शरलॉक होम्स कोई जटिल समस्या सुलझाने में जुटता था, तो खाना-पीना छोड़ देता था। उसका मानना था

कि भोजन करने के बाद ख़ून का प्रवाह पेट की तरफ़ हो जाता है, जिससे दिमाग़ के काम करने की रफ़्तार धीमी हो जाती है।

इसलिए समय के सर्वश्रेष्ठ उपयोग का छब्बीसवाँ सिद्धांत है : आलस से बचें।

यह स्पष्ट समझ लें कि यहाँ पर भोजन करने में लगने वाले समय की बात नहीं हो रही है, ज़्यादा भोजन करने के परिणामों की बात हो रही है। भोजन करने में तो कम समय लगता है, लेकिन भोजन के कारण उत्पन्न आलस के कारण ज़्यादा समय बर्बाद होता है। क्या आपने कभी देखा है कि दिन में खाना खाने के बाद विद्यार्थियों को नींद के झोंके आने लगते हैं और रात को अगर डटकर खाना खा लें, तो सीधे बिस्तर पर जाने की इच्छा होती है? आपने ख़ुद भी महसूस किया होगा कि रेस्तराँ में या किसी विवाह समारोह में भोजन करने के बाद आपको पेट भारी लगता है और आप जल्दी से जल्दी सो जाना चाहते हैं।

क्या आपने कभी सोचा कि हम सुबह सबसे अच्छी तरह काम क्यों कर सकते हैं? एक कारण तो यह है कि उस समय आराम कर लेने के बाद शरीर थका हुआ नहीं रहता है। दूसरा कारण यह है कि सुबह ऑक्सीजन ज़्यादा रहती है और तीसरा कारण यह है कि उस वक़्त हमारा पेट ख़ाली होता है। पेट

आलस मीठा होता है, लेकिन इसके परिणाम बेरहम होते हैं।

— जॉन क्विन्सी एडम्स

ख़ाली रहने से दिमाग़ ज़्यादा तेज़ी से चलता है, इसलिए हमें एक ही बार में ज़्यादा भोजन करने से बचना चाहिए, ताकि हम पर आलस सवार न हो। नियमित अंतराल पर कम आहार ग्रहण करना स्वास्थ्य के लिए सबसे अच्छा माना जाता है। जब आप कम खाते हैं, तो आपको आलस नहीं आता और आपकी ऊर्जा व एकाग्रता का स्तर बना रहता है।

आलस के कारण इंसान अपने महत्वपूर्ण काम नहीं कर पाता है, इसलिए अपनी ऊर्जा के स्तर को बनाए रखें और आलस नामक महारोग से बचें।

> *खाने के बाद कभी किसी ने कम खाने पर अफ़सोस नहीं किया।*
>
> – थॉमस जेफ़रसन

27

समय के सर्वश्रेष्ठ उपयोग का सत्ताईसवाँ सिद्धांत

टालमटोल न करें

> *सच तो यह है कि लोग आम तौर पर अपने मनपसंद काम को करने का समय निकाल सकते हैं। कमी दरअसल समय की नहीं, बल्कि इच्छा की होती है।*
>
> – सर जॉन लुबॉक

हम सभी कभी न कभी टालमटोल करते हैं। आज के काम को कल पर टाल देते हैं। कारण यह होता है कि कभी हमारा मूड नहीं होता, तो कभी काम मुश्किल लगता है। लेकिन यह याद रखें कि टालमटोल समय प्रबंधन की दृष्टि से ख़तरनाक है। इसका एक नुक़सान तो यह है कि आप कल के समय को गिरवी रख देते हैं। जिस काम को आप आज ही निबटा सकते हैं, उसे कल पर टाल देने से आप कल के बोझ को और ज़्यादा बढ़ा देते हैं। आज का काम आज ही निबटाएँ, ताकि आने वाले कल पर बोझ न पड़े। संभव हो, तो आने वाले कल के कुछ काम भी आज ही निबटा लें, ताकि कल के दिन आप पर दबाव कम हो जाए और आप उसमें नए काम कर लें।

इसलिए समय के सर्वश्रेष्ठ उपयोग का सत्ताईसवाँ सिद्धांत है : टालमटोल न करें।

अब ज़रा यह समझ लें कि हम टालमटोल क्यों करते हैं। इसके कई कारण होते हैं : या तो काम बोरिंग या मुश्किल होता है या उसकी कोई समयसीमा नहीं होती या उसका लक्ष्य स्पष्ट नहीं होता या आपको वह काम इतना बड़ा नज़र आता है कि आपको समझ ही नहीं आता कि कहाँ से शुरू करें। इसके अलावा, कई बार तो हम इसलिए भी टालमटोल कर जाते हैं, क्योंकि हमारे पास पूरी जानकारी नहीं होती और हम सोचते हैं कि पूरी जानकारी के बगैर काम नहीं हो सकता। सौ बात की एक बात, टालमटोल का कारण चाहे जो हो, उसे दूर करें और आज के काम को आज ही पूरा करने की आदत डालें। यह कभी न भूलें कि बुलंद इरादों से हर समस्या सुलझ सकती है और कमज़ोर इरादों से हर समस्या विकराल लग सकती है। असल सवाल तो यह है कि आपका इरादा कितना बुलंद है।

टालमटोल का सबसे आम कारण यही होता है कि किसी काम को करने का हमारा मूड नहीं होता। देखिए, यह बात अच्छी तरह समझ लें कि अच्छा काम करने का मूड कभी नहीं होगा। मन चंचल है और अगर सदियों से इसे वश में रखने को कहा जा रहा है, तो उसके पीछे कोई अच्छा कारण होगा। मन कभी भी अच्छी चीज़ों की ओर नहीं जाता है, क्योंकि उनके लिए अनुशासन और श्रम की ज़रूरत होती है। यह तो हमेशा क्षणिक सुख और आनंद के पीछे भागता है। सुंदर

> *सफलता के नियम तब तक काम नहीं करेंगे, जब तक कि आप काम नहीं करेंगे।*
>
> – अज्ञात

लड़कियों के साथ बातें करने का तो आपका मूड हमेशा रहता है, लेकिन आस्तीन चढ़ाकर और कमर कसकर मेहनत करने का आपका मन कभी नहीं होता। मन मेहनत से घबराता है, इसलिए अगर आप जीवन में कुछ करना चाहते हैं, तो मन या मूड के ग़ुलाम न रहें। मन को अनुशासित करें और मूड हो या न हो, काम शुरू कर दें।

टालमटोल करने का एक रूप काम को अधूरा छोड़ना भी है। आप किसी काम को अधूरा छोड़ देते हैं और यह सोचते हैं कि उसे कल पूरा कर लेंगे। जब कल आता है, तो आपको यह याद करना पड़ता है कि आपने उस काम को किस मोड़ पर छोड़ा था, आपका लक्ष्य क्या था और आप उसे कैसे पूरा करने वाले थे। इस चक्कर में आपका बहुत सा समय बर्बाद हो जाता है। इसके अलावा, हो सकता है कि अगले दिन आपको उस काम को करने की फ़ुरसत ही न मिले। इसलिए हमेशा काम पूरा करके ही उठें। अगर काम बड़ा हो, तो उसे छोटे-छोटे टुकड़ों में बाँट लें और सिर्फ़ एक हिस्से को ही पूरा करने की योजना बनाएँ। टालमटोल करना एक लोकप्रिय बहाना है और जैसी स्पेनिश कहावत है, 'कल सप्ताह का सबसे व्यस्त दिन होता है।'

कुछ लोगों के पास हज़ारों कारण होते हैं कि वे अपना मनचाहा काम क्यों नहीं कर सकते, जबकि उन्हें तो बस एक कारण की ज़रूरत होती है कि वे उसे क्यों कर सकते हैं।

– विलिस आर. व्हिटनी

28

समय के सर्वश्रेष्ठ उपयोग का अट्ठाईसवाँ सिद्धांत

अगले दिन की योजना बनाकर अवचेतन मन की शक्ति का लाभ लें

युवावस्था में मैंने देखा कि मेरे दस में से नौ काम असफल हो जाते हैं। चूँकि मैं जीवन में असफल नहीं होना चाहता था, इसलिए मैंने दस गुना ज़्यादा काम किए।

– जॉर्ज बरनार्ड शॉ

आदर्श स्थिति तो यह रहती है कि आप अगले दिन की योजना एक दिन पहले रात को बना लें। एक दिन पहले योजना बनाने का लाभ यह होता है कि आपको अवचेतन मन की शक्ति का लाभ मिल जाता है। यह साबित हो चुका है कि हमारे भीतर दो मन होते हैं : चेतन मन और अवचेतन मन। चेतन मन यानी वह मस्तिष्क, जो सोचता है और जिसके बारे में हम जागरूक होते हैं। दूसरी ओर, हमारे भीतर एक अवचेतन मन भी होता है, जो हमें दिखाई तो नहीं देता है, लेकिन यह हमें जल्दी से और सही तरीक़े से काम पूरा करने के नए-नए तरीक़े सुझा सकता है।

क्या कभी ऐसा हुआ था कि रात को आपको बहुत सोचने पर भी किसी सवाल का जवाब याद नहीं आ रहा था, लेकिन

सुबह होते ही आपको अपने आप जवाब मिल गया, बिना सोचे हुए सब कुछ सही हो गया? ऐसा आपके अवचेतन मन के कारण हुआ था। जब रात को आप और आपका चेतन मन दोनों ही सो रहे थे, तो अवचेतन मन ने उस समस्या पर काम किया और सुबह होते ही जवाब आपके सामने पेश कर दिया। यह चेतन मन के लिए मुश्किल कामों की आउटसोर्सिंग की तरह है। जो काम चेतन मन के लिए मुश्किल हैं, उन्हें आपका अवचेतन मन चुटकियों में कर सकता है, इसलिए अवचेतन मन की शक्ति का लाभ लें और एक रात पहले ही अगले दिन की योजना बना लें।

यदि आप वास्तव में समय प्रबंधन करना चाहते हैं, तो आपको केवल चेतन मन का ही नहीं, बल्कि अवचेतन मन का भी इस्तेमाल करना होगा। यही आपको ऐसे नए-नए तरीक़े सुझाएगा, जिनकी बदौलत आप कम समय में ज़्यादा काम करने के उपाय खोजने में कामयाब होंगे। एक रात पहले योजना बनाने से यह लाभ होता है कि रात भर में आपकी कार्यसूची आपके अवचेतन मन में समा जाती है। अगले दिन आपको अपने आप सही क्रम सूझ जाता है और आप ख़ुदबख़ुद कार्यसूची के मुताबिक़ काम करने लगते हैं। हो सकता है कि आपको काम करने का नया तरीक़ा भी सूझ जाए।

कई बार तो काम इसलिए अधूरा छूट जाता है, क्योंकि हम काम के नहीं, समय के संदर्भ में सोचते हैं। जैसे, मैं यह

मस्तिष्क जो सोच सकता है और जिसमें यक़ीन कर सकता है, उसे यह हासिल भी कर सकता है।

– नेपोलियन हिल

काम एक घंटे तक करूँगा। इससे बेहतर तरीक़ा यह है, मैं इस काम का यह हिस्सा एक घंटे में पूरा करूँगा। अब अगर वह हिस्सा सवा घंटे में निबटता है, तो सवा घंटे तक काम करें। सिर्फ़ समय भरने के लिए काम करने के बारे में न सोचें; काम पूरा निबटाने के बारे में सोचें।

इसका एक उदाहरण देखें। एक विद्यार्थी सोचता है, मैं एक घंटे तक गणित पढ़ूँगा। दूसरा विद्यार्थी सोचता है, मैं दस सवाल करूँगा। अब आप ही सोचें, किसकी प्रगति ज़्यादा होगी? ज़ाहिर है, दूसरे विद्यार्थी की। इसलिए, क्योंकि उसने काम का स्पष्ट लक्ष्य बनाया था।

> *सफलता का सूत्र सरल है : सही काम करें, सही तरीक़े से करें, सही समय पर करें।*
>
> – अरनॉल्ड एच. ग्लासगो

29

समय के सर्वश्रेष्ठ उपयोग का उनतीसवाँ सिद्धांत

बुरी लतों से बचें

उस व्यक्ति का कितना सारा समय बच जाता है, जो इस बात पर नज़र नहीं रखता कि उसका पड़ोसी क्या कहता, करता या सोचता है।

– मार्कस ऑरेलियस

यहाँ हम शराब और सिगरेट के गुण-दोषों पर बातचीत नहीं करेंगे, क्योंकि यह स्वास्थ्य का विषय है। हम तो उनका विश्लेषण समय के संदर्भ में करेंगे। शराब और सिगरेट आपके शरीर के लिए तो घातक हैं ही, आपके समय के लिए भी कम घातक नहीं हैं। अनुमान है कि युवा वर्ग एक सिगरेट पीने में लगभग आधा घंटे का समय बर्बाद करता है। सिगरेट पीने में तो केवल पाँच मिनट लगते हैं, लेकिन इसकी जुगाड़ करने और इसका माहौल बनाने में समय लग जाता है। हमारे समाज में अभी घर पर सिगरेट पीने का रिवाज़ नहीं है, इसलिए युवक पान की दुकान तक जाता है, फिर वहाँ सिगरेट पीते समय बातचीत करने लगता है और यार-दोस्तों के साथ फ़ालतू की बातों में समय कैसे बीत जाता है, उसे पता ही नहीं चलता।

इसलिए समय के सर्वश्रेष्ठ उपयोग का उनतीसवाँ सिद्धांत है : बुरी लतों से बचें।

शराब तो समय को और भी ज़्यादा बर्बाद करती है। अगर कहा जाए कि शराब समय को बर्बाद करने वाली सबसे बुरी लत है, तो अतिशयोक्ति नहीं होगी। देखिए, एक तो शराब पीने में बहुत समय लगता है। दूसरे, पीने के बाद आदमी किसी काम का नहीं रहता। वह न कुछ कर सकता है, न किसी जगह जा सकता है, न किसी से मिल सकता है, न ही फ़ोन पर ढंग से बात कर सकता है। शराब पीने के बाद दुर्घटनाओं की आशंका बढ़ती है, सो अलग। यही नहीं, शराब पीने से अगला दिन भी ख़राब होता है, क्योंकि इसकी वजह से अगली सुबह सिरदर्द या हैंग ओवर हो जाता है, जो दोपहर तक चलता है। शराब की आदत छोड़ने से हमारा बहुत सा समय बच जाता है।

सिगरेट और शराब के अलावा भी कई बुरी लतें होती हैं, जो आपका बहुत सा समय बर्बाद करती हैं। ये मनोवैज्ञानिक आदतें होती हैं, जिनमें उलझकर आप अपना समय ख़ुद बर्बाद करते हैं। एक प्रमुख आदत है दूसरों की बुराई करने या इधर की बात उधर करने की आदत। यह आदत समय प्रबंधन के लिहाज़ से बुरी है, क्योंकि इसमें आपका बहुत समय बर्बाद होता है।

बहस या लड़ाई करने की आदत में भी आपका बहुत समय बर्बाद होता है, तनाव होता है सो अलग, इसलिए इन आदतों से बचें। बड़बोलेपन से भी बहुत समय बर्बाद होता है। इस आदत को दूर करने के लिए सिकंदर महान के पिता

> *आप देर कर सकते हैं, लेकिन समय नहीं करेगा।*
> – बेंजामिन फ़्रैंकलिन

फ़िलिप द्वितीय की घटना को याद रखें। सभी प्रमुख यूनानी शहरों पर क़ब्ज़ा करने के बाद फ़िलिप द्वितीय ने लैसीडेमॉन पर चढ़ाई करने का फ़ैसला किया और वहाँ के नागरिकों को यह चेतावनी भरा पत्र भेजा, 'तुम्हें सलाह दी जाती है कि तुम अविलंब समर्पण कर दो, क्योंकि अगर मेरी सेना तुम्हारे शहर में घुस गई, तो मैं तुम्हारे खेत नष्ट कर दूँगा, तुम्हारे नागरिकों को मार डालूँगा और तुम्हारे शहर को जलाकर राख कर दूँगा।' लैसीडेमॉन के लोग चाहते, तो इसका मुँहतोड़ जवाब दे सकते थे, लेकिन उन्होंने जवाब में सिर्फ़ एक शब्द लिखकर भेजा, 'अगर!' फ़िलिप को संदेश मिल गया और उसने लैसीडेमॉन पर चढ़ाई का इरादा त्याग दिया।

> *आज बीते कल का परिणाम और आगामी कल का कारण है।*
>
> – फ़िलिप ग्रिबल

30

समय के सर्वश्रेष्ठ उपयोग का तीसवाँ सिद्धांत

सापेक्षता के नियम को समझें

किसी सुंदर युवती से रोमांटिक बातें करते समय एक घंटा एक सेकंड की तरह लगता है। सुर्ख़ अंगारे पर एक सेकंड बैठना भी एक घंटे की तरह लगता है। यही सापेक्षता है।

– अल्बर्ट आइंस्टाइन

सापेक्षता का नियम समय के संदर्भ में भी बहुत महत्वपूर्ण है। समय वही रहता है, बस हमारा नज़रिया बदल जाता है। आपने प्रायः देखा होगा, बच्चे जब वीडियो गेम खेलते हैं, तो उन्हें भूख-प्यास का एहसास ही नहीं होता, उन्हें पता ही नहीं चलता कि कब दो घंटे गुज़र गए। दूसरी ओर, जब बच्चे पढ़ते हैं, तो उन्हें सौ काम याद आ जाते हैं और पंद्रह मिनट में ही उन्हें ऐसा लगता है कि बहुत समय हो गया। यह सापेक्षता के नियम के कारण होता है।

अपना प्रिय और मनपसंद काम करते समय आपको समय का एहसास ही नहीं होता, क्योंकि तब आप लय में होते हैं, जिसे मनोवैज्ञानिक फ़्लो में रहना कहते हैं। इस समय आप जो काम करते हैं, वह सहज ही बेहतरीन होता है, क्योंकि आप बिना कोशिश किए सर्वश्रेष्ठ कार्य करते हैं। बेहतर यही

है कि आप सापेक्षता के नियम को ध्यान में रखकर अपने काम को दिलचस्प बनाने के तरीक़े खोजें, ताकि आप लय में काम कर सकें। अपने सबसे महत्वपूर्ण काम को दिलचस्प बनाएँ और दिलचस्प मानें।

मान लें, आप सेल्समैन हैं और आपको अपने काम से नफ़रत है। ऐसे में आप 1 घंटे काम करने से ही थक जाएँगे और सोचेंगे कि बाक़ी का काम आप कल कर लेंगे। दूसरी ओर, यदि आप अपने लक्ष्य को ध्यान में रखते हैं, अपने पिछले रिकॉर्ड से प्रतिस्पर्धा करते हैं और आज एक नया कीर्तिमान बनाना चाहते हैं, तो आपको यह एक दिलचस्प खेल लगेगा, जिससे आपमें नई ऊर्जा का संचार होगा। कुछ दिलचस्प करें, जिसमें आपका मन लगे। यदि आपका काम इतना नीरस है कि उसे दिलचस्प बनाने का कोई उपाय ही नहीं है, तो या तो काम बदल लें या फिर किसी विशेषज्ञ से उसे दिलचस्प बनाने का कोई उपाय पूछ लें। आप काम के अंत में ख़ुद को पुरस्कार का लालच भी दे सकते हैं। यदि आपको पता होगा कि काम पूरा होने पर आप टेबल पर पैर रखकर हॉट चॉकलेट पिएँगे या कोई फ़िल्म देखेंगे या पसंदीदा डिनर करेंगे, तो इससे आपको प्रेरणा मिलेगी और काम में दिलचस्पी भी बढ़ेगी। इतना ही क्यों, अपने आर्थिक लक्ष्य को याद करते रहें और यह कल्पना करें कि उसे प्राप्त करने पर आपका जीवन कितना सुखमय

अपने बेटे को आदमी बनाने में एक औरत को बीस साल लग जाते हैं और दूसरी औरत उसे बीस मिनट में मूर्ख बना देती है।

– हेलन रोलैंड

हो जाएगा। लक्ष्य हमारे पैरों को आगे बढ़ने की शक्ति देते हैं और हमें कष्ट सहन करने का संबल प्रदान करते हैं। यदि आपका सपना पर्याप्त शक्तिशाली है, तो यह आपको लगातार आगे बढ़ने के लिए प्रेरित करता रहेगा।

देखिए, सापेक्षता का सिद्धांत कभी न भूलें! दूसरों को लगेगा कि आप दिन-रात ख़ामख़्वाह मेहनत कर रहे हैं, जबकि आपको उनकी तरह मज़े करने चाहिए, लेकिन आपको यह दिखेगा कि आप दिन-रात मेहनत करके अपने लक्ष्य की ओर बढ़ रहे हैं और वह समय जल्द ही आएगा, जब आप अपनी मनचाही मंज़िल पर पहुँच जाएँगे और उसके बाद सारी ज़िंदगी मज़े करेंगे। यही सापेक्षता है। एक को वर्तमान कष्ट दिखता है, दूसरे को भावी सुख। चुनाव आपका है!

> *जब ईश्वर ने समय बनाया था, तो उसने इसे प्रचुरता में बनाया था।*
>
> **– आयरिश कहावत**